面试突围

张晨 —— 著

AI时代
求职通关
实战手册

人民邮电出版社

北　京

图书在版编目（CIP）数据

面试突围：AI 时代求职通关实战手册 / 张晨著 .
北京：人民邮电出版社，2025. -- ISBN 978-7-115
-67712-9

Ⅰ . C913.2-62

中国国家版本馆 CIP 数据核字第 2025HC1624 号

内 容 提 要

本书是专为求职者打造的面试实战指南，内容涵盖从简历投递、面试准备、实战应对，到 offer（录用通知书）选择、面试复盘等求职面试的全流程。

面对 AI 技术主导的招聘趋势、复杂多变的面试场景，以及高压高频的考察机制，求职者常常感到力不从心。本书站在面试官的角度，结合招聘面试的底层逻辑，提供了结构化答题模型、高频问题拆解技巧、实用表格工具，并辅以多个真实岗位的面试案例，帮助读者全面提升面试能力，顺利收获理想 offer。

本书适合初入职场的应届生面试者，以及有一定工作经验想跳槽或转行的面试者阅读。

◆ 著 张 晨
责任编辑 刘 盈
责任印制 彭志环

◆ 人民邮电出版社出版发行 北京市丰台区成寿寺路 11 号
邮编 100164 电子邮件 315@ptpress.com.cn
网址 https://www.ptpress.com.cn
北京市艺辉印刷有限公司印刷

◆ 开本：720×960 1/16
印张：14.75 2025 年 9 月第 1 版
字数：300 千字 2025 年 9 月北京第 3 次印刷

定 价：69.80 元

读者服务热线：（010）81055656 印装质量热线：（010）81055316
反盗版热线：（010）81055315

前言

让每一次面试都成为你的高光时刻

20 年前，我第一次以 HR（Human Resources，指人力资源管理者）的身份坐在面试桌的一侧。那时的我并不知道，有一天我会成为那个能"看透面试本质"的人。从头部企业的人力资源一号位，到成为帮助成千上万求职者拿到理想 offer 的职场教练，我见证了职场生态的剧变，也陪伴了无数人实现求职突破。

时代变了。AI 技术让招聘流程变得高效而智能，却也在无形中抬高了求职门槛；职场竞争愈发激烈，"海投＋碰运气"的传统求职策略越来越难以奏效。与此同时，企业的用人逻辑也变得更加理性与精细：仅靠一份简历或一次面试，早已无法看透一个人的能力与价值。

于是，越来越多的人开始发出这样的疑问——"我明明很优秀，为什么总在面试中被拒？"

这是我被问得最多的问题，也是我写下这本书的初衷。

作为一名面试过上万人的资深 HR，我深知：**面试不是考试，而是一场关于价值的对话**。企业不需要"标准答案"，他们寻找的是"对的人"；求职者真正缺乏的也不是所谓的"话术"或"套路"，而是读懂岗位需求、精准回应期待的能力。

正因为如此，过去三年，我以"职场教练"的身份陪伴了 5 000 多名学员走过求职之路。他们中，有人通过我分享的方法实现了 80% 以上的薪资增长；有人从传统行业成功转型，进入梦寐以求的互联网名企……这些真实案例让我更加坚定一个信念：

面试是一项可以习得、可以复制的技术。

I

这本书正是我 20 年招聘实战经验与 3 年职场教练实践的系统总结。它不同于市面上泛泛而谈的"面经"，而是**从面试官的视角出发，拆解招聘背后的真实逻辑与底层思维：**

为什么 HR 筛选简历只花 10 秒？

面试官追问"你的缺点是什么"时，他真正想知道的是什么？

如何让 AI 算法"读懂"并"点赞"你的简历？

在薪资谈判中，哪一句话能让 HR 主动加码？

不同于套路式的面试速成，书中所有方法都经过实战验证，并配套翔实的工具和案例。

结构化工具：包括"PREP 模型""面试复盘法"，易学易用，直接上手；

典型案例：覆盖从应届生到高层管理者，从转行者到空窗期求职者的全场景解决方案；

"反套路"设计：特别设置"面试官在想什么""热门职位实战演练"等模块，帮助你避开"隐形雷区"。

如果你正在经历这些困扰：投递无回应、面试屡屡受挫；面试时不敢谈薪；被年龄、学历、空窗期限制前路等。这本书将像一位私人教练，带你用最短路径突破求职的重重关卡。

最后，我想对你说：**面试的本质，是让你的价值被真正看见**。愿这本书成为你的"职场杠杆"，撬动那些原本就属于你的机会。

你值得拥有更好的工作，而那份工作，正等着你去把它"面"出来。

张晨

2025 年 5 月

目录

第一章

面试本质：双向选择的艺术

在数字化浪潮的推动下，求职面试正被 AI 技术深刻重塑。本章将带你走进 AI 面试的新世界，从 AI 在简历筛选、职位推荐到背景调查的全方位应用，揭示 AI 如何改变求职的每一步。同时，深入剖析面试的本质，解读面试官的考察重点与工具。更关键的是，求职者学会借助 HR、猎头和 AI 技术的力量，让面试效率翻倍。这是一场求职者与企业的双向选择，更是其与 AI 技术的智慧合作。

一、AI 面试：AI 正在重构求职面试每一步

随着新技术的迅猛发展，AI 面试已出现在很多的招聘流程中。越来越多的求职者在找工作时，都要先和 AI 面试官"过过招"。

从本质上说，"AI 面试官"只是企业招聘面试过程中的一个工具，面试的主体仍然是人。如图 1-1 所示，从简历筛选、面试助手、职位推荐到背景调查，AI 以数据为基础，重塑了求职者与企业的互动模式。

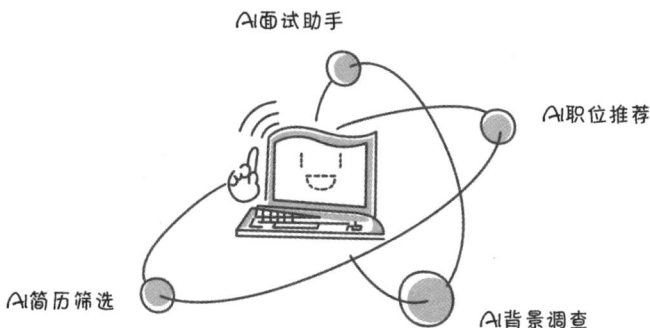

图 1-1　AI 介入求职面试的四个环节

1. AI 简历筛选

在简历筛选环节，企业会通过 ATS（Applicant Tracking System，应聘者追踪系统）对求职者的简历进行初步筛选。该系统基于 NLP（Natural Language Processing, 自然语言处理）技术，自动提取简历中求职者的教育背景、工作经验、技能证书等关键信息，并与职位描述进行关键词匹配和打分。该系统对简历格式有一定的要求，过于复杂的排版、图表等可能会被 AI 解析为乱码，无法识别内容。

求职者如何应对 AI 简历筛选

针对职位描述优化简历：分析职位描述，提炼出核心技能与职责要求，确保在简历中嵌入关键词。

突出量化成果：用具体数据体现个人业绩，以便 ATS 快速识别。例如，"提高销售额 30%""管理 50 人团队"。

（续）

> **规范简历格式**：避免图文混排和过于复杂的设计，采用标准字体和清晰的模块，提升 ATS 解析的准确率。
>
> **一岗一投**：求职者应针对不同职位准备不同版本的简历，避免因内容泛化而降低匹配得分。

2. AI 面试助手

AI 面试助手主要有两种形式：一种是通过视频或语音面试分析求职者的面部表情、语音语调、肢体动作等多维特征，评估其沟通能力、情绪稳定性、职位匹配度等；另一种是在真人面试中，借助 AI 工具实时分析求职者的表现，为面试官提供关键词匹配、情绪分析等数据支持。

> **求职者如何应对 AI 面试助手**
>
> **内容结构清晰**：使用 STAR 模型回答面试官提问，STAR 模型由四个部分组成：情境（Situation）、任务（Task）、行动（Action）和结果（Result），确保回答重点突出、条理分明。
>
> **保持自然语速与自信语调**：避免过快或迟疑不决的表达，适当使用停顿以强化表达效果。
>
> **注意非语言细节**：保持微笑，平视摄像头，坐姿端正，展现良好的精神面貌。
>
> **提前进行模拟练习**：使用 AI 面试模拟平台进行自我测试，熟悉 AI 评分机制，及时调整表达方式。

3. AI 职位推荐

基于大数据分析与机器学习算法，AI 工具能够根据求职者的简历内容、浏览历史、求职意向等数据，提供个性化的职位推荐。同时，AI 工具可以从大量的企业信息和行业动态中挖掘出潜在的职位需求。即使企业尚未在招聘平台上发布正式的招聘信息，AI 工具也能通过分析企业的业务扩张、项目启动等情况，预测出企业可能出现的职位空缺，并推荐给合适的求职者。

求职者如何应对 AI 职位推荐

持续更新求职资料：确保个人信息、技能列表、项目经历等内容及时更新，提升推荐系统的匹配准确率。

优化个人求职画像：在平台设置清晰的求职偏好，包括职位类别、行业方向、地域范围、期望薪资等信息。

主动调整关键词：在简历中合理嵌入符合目标职位要求的关键词，以优化推荐算法的识别效果。

定期检查推荐逻辑：通过平台的"匹配度提示"不断调整求职策略，确保推荐结果的相关性和质量。

---

4. AI 背景调查

AI 工具能够将学校、企业数据库及第三方信用机构等提供的数据进行比对，快速验证求职者的教育背景、工作经历等个人资料的真实性与一致性。此外，AI 工具还会对求职者的社交媒体活动进行分析，以评估其个人形象、价值观和社交能力等。

求职者如何应对 AI 背景调查

保持信息一致性：确保所有公开平台上的职业信息与正式简历内容一致。

维护良好的职业形象：避免在公共平台，尤其是社交媒体平台，发布负面、情绪化或不专业的言论，注意个人职业形象。

主动完善职业档案：通过发布项目成果、分享专业见解等方式，构建积极、值得信赖的职业形象。

准备可验证材料：包括项目案例链接、推荐人信息、公开证书等，以备核查。

AI 的出现不仅提高了招聘工作的效率，也对求职者提出了更高的要求。未来的求职竞争，既是求职者专业能力的比拼，也考验了他们对数据的理解与适应

智能流程的能力。理解 AI 的工作逻辑，主动借助 AI 工具优化求职面试流程中的表现，将成为每一位求职者不可或缺的核心能力。

二、面试真相：对弈、互动、充满变化

面试是一个对弈、互动、充满变化的过程。

1. 面试是一个对弈的过程

"对弈"通常用于形容在棋类游戏中，两人相互较量、比拼智力和策略的过程。面试就像一场能力与适配度的"对弈"，求职者和面试官相互考察、做出选择，为找到彼此的最佳适配点精心布局，面试过程中的每一步都像在棋盘上落子，谨慎且充满策略。

很多求职者认为自己是被选择、被甄选的。这种弱者心态容易导致他们在面试过程中表现得过于谦卑，对面试官毕恭毕敬。实际上，面试是求职者与面试官的双向选择，双方都在审慎地评估彼此，判断对方与自己是否适配。因此，求职者在面试时不要想着接受他人的甄选或一定要拿到工作机会。相反，求职者要以对弈的心态去面试，把它当作一次与面试官的交流，从对方那里学到一些东西。

对于"00 后"求职者来说，要注意不要把"双向选择"曲解为"绝对主导权"，出现"反客为主"的极端表现。例如，某国企 HR 反馈，一些"00 后"在被问及职业规划时没有提供个人能力证明却会反问"公司能给我多少成长资源"。这种只关注个人需求却忽视企业要求和期望的行为，可能会让面试官觉得他们不够专业和成熟。

2. 面试是一个互动的过程

面试是一个你来我往的互动过程。在这个过程中，求职者尽可能地不要被动输出，如面试官问什么就答什么，然后等着面试官的下一个问题。好的面试就像打乒乓球一样，你发一个球、他接一个球，他发一个球、你再接一个球。所以，求职者在面试中要做一个主动的交流者，积极带动节奏，与面试官共同完成这场互动。具体来说，求职者在面试互动中要掌握以下技巧，如图 1-2 所示。

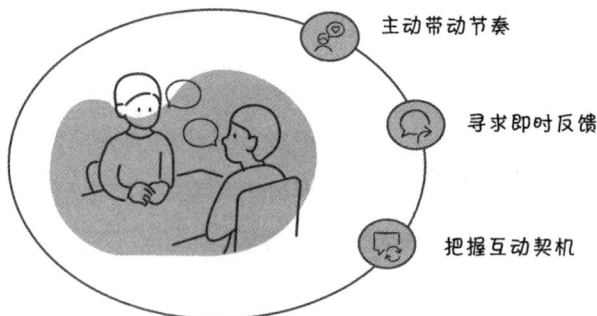

图 1-2　面试互动的技巧

（1）主动带动节奏

求职者要主动引导面试的对话走向，带着面试官按照自己的节奏进行互动。例如，在自我介绍环节，求职者可以像下面这样说。

"我先简单介绍一下自己。我在讲的过程中，如果您对某些项目感兴趣，随时可以打断我进行提问。"

这样的表述既可以展示求职者的自信，又为双方互动提供了可能。

（2）寻求即时反馈

求职者要将面试视为动态交流，适时询问面试官的想法，并寻求及时反馈。

"以上是我过往的工作经历，如果您有想进一步了解的地方，我会随时补充。"

求职者这种主动寻求反馈的行为，不仅可以得到自己想要了解的信息，还能给面试官留下善于思考、积极主动的好印象。

（3）把握互动契机

对于面试官的提问，求职者不要只是简单作答，还可以通过进一步提问深入了解对方。例如，在被问到专业技能时，求职者回答之后还可以像下面这样反问。

"据我了解，咱们公司的 ×× 业务需要员工具备 ×× 能力，当然我站在外部的角度看到的信息是有限的，不知道您比较看重员工的哪一项能力，我们可以进一步交流。"

这样就能让对话更深入，交流也更有深度。

3. 面试是一个充满变化的过程

面试是一个充满变化的过程，面试双方都无法准确设计每一分钟会发生什么。所以，求职者切忌盲目猜题。有些刚毕业的求职者会用学生思维猜测考题和答案，但事实上，面试没有标准答案，只有符合面试官预期的答案。在后续章节中，我们会详细拆解很多面试案例，也会提供一些话术，但读者千万不要死记硬背，而是要根据自己的个性特征灵活调整。

善于面试也是一个职场人应具备的基础能力之一。有的求职者认为自己的能力很强，只是在面试时发挥不出来，其实这样就不算真正具备面试能力。面试能力是可以习得的。只要理解了面试的底层逻辑，懂得对弈、互动和变化，求职者就能在面试中学到知识，甚至可以享受一次高质量的面试对话！

三、考官心思：面试官的三大核心考察点

面试官提出的问题，其核心都围绕着三个关键点，即匹配度、稳定性、性价比。如果求职者理解了面试的底层逻辑，就能听懂面试官提出的问题背后的潜台词，顺利拿到 offer。

1. 匹配度

面试官希望找到与公司要求相匹配的人。

匹配度考察问题示例

在上一家公司，你是怎么完成 ×× 项目的？

遇到挑战时，你会如何解决？

你掌握了哪些技能？

你是否积累了一套方法论？

你能否应对未来在公司可能遇到的挑战？

面试官提出这些问题的目的就在于评估求职者的专业能力和经验是否符合公司的需求。然而，智联招聘的调研结果显示，67% 的"00 后"在面试前会观看类似"3 分钟面试攻略"的短视频，仅有 28% 的求职者会深入研究 JD（Job Description，职位描述），导致很多求职者在面试过程中的回答与目标职位的核心技能无关。这就导致面试官很难判断求职者是否能够满足公司的需求。

2. 稳定性

企业招聘都是有成本的，管理者不希望新员工入职后又很快离职，所以稳定性也是面试官的考察重点。面试官通常会通过询问离职原因、婚姻状况、异地求职等来考察求职者的稳定性，在谈论过往离职原因时，求职者要展现出积极向上的态度，表明自己是稳定的、谨慎做出选择的。对于婚姻状况、异地求职等相关问题，求职者可以在自我介绍环节就做好铺垫。

"我现在专注于事业""我已经确定在这个城市安家""我是经过深思熟虑后选择这个机会的"等。

这样的回复可以打消面试官对求职者稳定性的顾虑。

此外，BOSS 直聘数据显示，"00 后"简历中"兴趣标签"的提及率高达 89%。与此同时，很多企业反映"00 后"应届生的试用期离职率远高于"90 后""80 后"，其中大部分人是因为"工作内容与想象不符"而离职。从面试官的角度看，过度强调兴趣，忽视对 JD 的深入了解，是求职者稳定性不足的重要原因。

一些"00 后"求职者在面试中表现出了对当前职位的临时性、过渡性考虑。例如，他们可能会说"我只是先找一份工作，以后有机会还会考虑跳槽"之类的话，这会让面试官觉得他们对公司缺乏长期的归属感，从而放弃录用他们。

3. 性价比

面试前，求职者应该对自己的薪资定位有一个清晰的认知，同时提前了解应聘公司的付薪水平。如果自己设定的薪资水平过高，而该公司暂时无法完全满足这一期望，求职者可以在面试前的初步沟通中就主动表明：

"薪资不是我最看重的方面，我希望和公司充分交流后再确定薪资。"

求职者应先争取面试机会，然后在面试中展示出自己的能力值得公司付出相应的薪资，这样可以避免一开始就因为薪资问题给面试官留下性价比不高的印象。

理解了面试官的三大考察重点之后，求职者对面试中的大部分问题就可以做到心中有数了。

四、反向背调：如何通过面试评估公司

很多求职者在面试过程中往往专注于回答问题，展示自己的优势，而忽略了对公司的深入考察。其实，面试是双向选择的过程，求职者可以通过反向背调来评估公司和管理者，判断该公司和职位是否符合自己的期望与职业发展需求。

1. 评估公司

求职者在面试时可以通过以下两个层面评估公司，如图 1-3 所示。

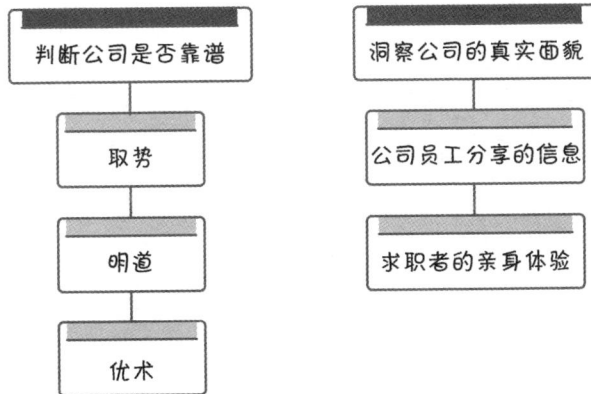

图 1-3　评估公司

（1）判断公司是否靠谱

面试前，求职者可以通过"取势、明道、优术"三个维度判断公司是否靠谱。

①**取势**

即判断公司发展势头。求职者可以通过企查查、天眼查等专业网站，了解公司的经营状况、融资历史、注册资本及风险提示和诉讼记录。需要注意的是，大

型公司由于规模庞大、产业链复杂，可能会有较多的风险提示和诉讼记录，但这并不一定意味着公司存在关键性风险。如果目标公司已上市，求职者还可以通过分析财务报告来深入了解其经营状况。

②明道

求职者可以通过访问公司官网，了解其核心客户、产品和成功案例，尤其是 To B（Business-to-Business，企业对企业）公司，官网上通常会展示其与哪些知名企业合作及战略方向等信息；求职者还可以关注公司的公关稿件，也能获知其近期的合作动态和战略规划。此外，求职者一定要了解公司的商业模式，也就是了解这家公司到底靠什么业务赢利。这对求职者来说至关重要。

除此之外，求职者还要考察公司的核心团队，特别是高管团队的专业背景和履历。求职者可以通过官网和脉脉等平台查询目标公司高管团队的信息，了解他们的专业背景、行业经验和过往业绩。对于创业公司来说，创始团队的专业背景尤为重要，因为这些直接关系到公司的创新能力和成功潜力。

最后，求职者还要判断公司的文化价值观与自己是否一致，目标职位是否有明确的晋升路径和发展空间等。

③优术

即考虑在目标职位上能否发挥个人优势，以及能否获得更多的资源。求职者要对照目标职位的 JD 反思自己的技能、经验与其是否匹配，能否发挥自身特长；以及公司能否提供足够的资源支持个人成长，如培训机会、项目资源、导师指导等。

通过以上三个维度的综合评估，求职者就可以更加全面地了解公司的情况，做出更加明智的职业选择。

【演练】

请从"取势、明道、优术"三个维度判断你的目标公司是否靠谱，并完成表 1-1。

表 1-1　评估公司

参考点		你的判断
取势	公司发展势头	

（续表）

	参考点	你的判断
明道	公司的业务模式 公司的价值观 团队和领导是否靠谱 职位是否有前途	
优术	能否发挥个人优势 能否为个人成长提供更多资源	

（2）洞察公司的真实面貌

外部信息往往具有一定的片面性，求职者若想了解目标公司的真实面貌，还需要通过公司员工分享的信息及自己的亲身体验做出判断。

①公司员工分享的信息

求职者可以通过知乎、脉脉等平台查看目标公司员工分享的工作经历。面对这些信息，求职者需保持理性进行辩证分析。例如，房地产经纪公司因规模大、线下员工多，网上吐槽相对常见；一些大公司由于规章制度繁多，难免有员工不满，在网络上发表一些负面信息。查看这些信息的关键在于，判断负面信息是否反映重大问题，如拖欠薪资、不道德的劝退手段等。如果存在这些问题，求职者应谨慎考虑是否加入。

②求职者的亲身体验

在面试过程中，求职者亲耳听到的、亲眼看到的信息往往更有价值，以下三大细节尤为关键。

面试中需要重点关注的三大细节

对方说"我们不打卡"。 一些公司可能会说"我们公司的考勤制度特别弹性化，工作以结果为导向，所以不打卡。"对于这种情况，求职者一定要小心了！实际情况可能是他们根本就没有标准的上下班时间，员工经常要加班。

职位常年招聘。如果某家公司的某些职位常年招聘，就说明该职位人员流失严重。建议求职者不要轻易心动，一定要了解清楚这个职位是否存在问题。

（续）

> **职位信息说不清。**如果在面试过程中，求职者向面试官询问职位的具体情况，如是否有同级同事、团队规模及前职位负责人离职原因等，面试官含糊其词，无法给出准确答复，那么求职者就需要小心了，大概率这个职位的实际职责会远超你的想象。

2. 评估管理者

在面试中通过评估管理者，求职者可以判断自己与目标职位的适配性、团队氛围和职业发展空间等。求职者可以通过细节观察和反向提问来评估管理者，如图 1-4 所示。

图 1-4　评估管理者

（1）细节观察：从"隐性行为"推测管理风格

管理者在面试中的非语言信号和细节处理，往往比口头回答更能真实反映其管理逻辑。求职者可重点关注如表 1-2 所示的几个方面。

表 1-2 面试中观察评估管理者的维度

维度	关键点	观察点
面试前	是否准时	管理者迟到或频繁更改时间，可能反映了他对面试不重视或时间管理混乱
面试前	是否提前准备	管理者是否仔细阅读简历？是否针对过往经历提问？如果管理者全程要求求职者重复简历内容，可能说明他缺乏对求职者的尊重或准备不充分
面试前	面试环境	线上：摄像头是否开启？背景是否整洁？等等； 线下：办公室氛围是否压抑？团队成员表情是否轻松？等等
面试中	肢体语言	积极信号：身体前倾、眼神专注、点头回应； 警示信号：频繁看手机、双臂交叉（防御姿态）、打断回答
面试中	情绪稳定性	在回答敏感问题（如团队离职率、项目失败）时，是否皱眉、眼神躲闪、频繁看时间，或语气突然变得急促
面试中	高频词	如果高频词为"目标""效率""加班"，可能反映该管理者为结果导向型； 如果高频词为"协作""成长""尝试"，可能反映该管理者更关注团队发展与包容性
面试中	潜台词	提及团队问题时，他如何回答？如果管理者将原因归咎于外部因素，如"市场太差""下属能力不足"等，可能反映其容易推卸责任，缺乏担当；如果管理者客观分析，如"当时团队经验不足，我们后来优化了培训体系"，则体现其具有责任意识

（2）反向提问：用针对性问题挖掘真实管理风格

在面试结束前的提问环节，求职者可通过以下问题，引导管理者暴露其真实管理风格。

①问管理风格：判断适配性

求职者可以像下面这样问。

"在您带过的团队中，表现最好的员工有什么共性？"如果管理者回答"绝对服从安排"，则说明其管理风格偏向控制型；如果管理者回答"有独立思考能力"，则说明其在管理中鼓励自主性。

②问沟通与反馈：评估协作体验

求职者可以像下面这样问。

"您通常多久与团队成员进行一次一对一的沟通？主要沟通哪些内容？"如果管理者回答"太忙了，偶尔沟通"，可能说明其在管理中给员工的支持不足；如果管理者回答"每周一次，聊一聊目标进展和个人需求"，则说明其注重沟通。

"如果我有更好的工作方法，您会鼓励我尝试吗？"如果管理者的回答是"可以尝试"，则说明其管理风格属于放权型，鼓励自主性；如果管理者的回答是"先按常规方法操作"，则说明其管理风格属于干预型，注重效率和结果。

③问员工成长：验证长期价值

"您过去培养的下属中，最快晋升的员工用了多久？他/她做对了哪些事情？"如果管理者回答"员工晋升很慢"，可能反映团队缺乏发展机会；如果管理者举例说明培养路径，则说明团队支持员工成长。

求职者要综合应用以上三个策略评估管理者，并将其同步融入面试过程中。同时，求职者要用心记下管理者表述中自相矛盾的地方，如其口头说"重视创新"，但否定求职者的新想法。此外，求职者一定要相信自己的直觉，如果在和管理者沟通的过程中感到被贬低、不被尊重，即使对方能力很强，也可能预示着自己在入职后的工作体验不够愉快，要谨慎做出选择。

五、学会借力：面试效率翻倍

面试不是单打独斗，聪明的求职者懂得通过借力突破信息茧房，让面试取得事半功倍的效果。

1. 如何借助 HR 顺利通过面试

HR 既是面试流程的推动者，更是隐藏的"信息桥梁"。他们了解职位需求、团队真实动态甚至管理者的偏好，求职者用好 HR 资源，往往能够提升面试成功率。

（1）第一通电话：把"确认时间"变成"了解信息"

很多求职者在接到 HR 的面试邀约电话时都是答应后便匆忙挂断，却不知这通电话暗藏玄机。表 1-3 为求职者接到面试邀约电话后的错误处理方式和正确处理方式。

表 1-3　接到面试邀约电话后的处理方式对比

✕ 错误处理方式	√ 正确处理方式
一口答应 示例：明天面试是吧？我时间可以的，谢谢，明天见。	**确认时间 + 了解面试细节 +HR 联络方式** 示例：时间可以的，谢谢您。我想耽误您一两分钟的时间，请您简单介绍一下咱们公司产品和业务的情况。听说公司已完成 C 轮融资了？好的，这次面试大概分几轮呢？明天的面试官是我的直接上级吗？我怎么称呼他比较好？您方便透露一下他的面试风格吗？他比较亲和。那就好，我有点紧张。方便加一下您的微信吗？如果有突发情况我们可以及时沟通。好的，我们明天见。

求职者还可以在电话中通过 HR 了解目标职位的基础信息，包括汇报对象是谁，这个职位招聘了多长时间，是新增职位还是替换的职位？到公司最方便的交通方式是什么？等等。添加 HR 微信后，求职者还可以通过朋友圈了解公司动态或文化。

（2）面试后问结果，用"价值输出"代替"被动等待"

面试结束时如果求职者直接追问"什么时候出结果"，只会暴露你的焦虑。聪明的求职者会借 HR 之手推动流程，先表明意愿，再主动往前一步，最后推动流程。

"今天和王总聊得很投缘，他提到的品牌营销项目，我正好有类似经验。我计划针对这个项目写一份初步方案，如果有下一轮面试，我可以详细讲解思路。我等您的安排，有任何需要我补充的地方，欢迎随时和我沟通。"

这种方式既避免了求职者"催结果"的尴尬，又通过实际行动证明了自己的能力，甚至可能让 HR 主动向用人部门争取机会。

（3）谈薪：把"博弈"变成"共赢"

薪资谈判不是零和游戏，HR 的本质是"中间协调者"而不是"对手"。如果求职者直接和 HR 表明："不好意思，我现在也有其他 offer 在谈，它们的月薪都在 2.5 万元以上，如果咱们这边只能给到 2.2 万元，我可能就不考虑这边了。"这种生硬地对比其他 offer，甚至直接威胁放弃，只会让谈判陷入僵局。

聪明的求职者会这样和 HR 沟通，先说明原因、表达诉求，再给出底线、表示感谢。

"第一次和您见面的时候我就和您同步过我的情况，我在上家公司的月薪是2 万元，但是这两年我的薪资都没有上涨。我了解了市场情况，按照我的资质，月薪正常在 2.5 万元左右，公司给我设定的 2.2 万元。虽然差距并不大，但是薪资确实是我个人价值的体现，希望您能够帮我反馈一下。如果能争取到 2.4 万元，我一定尽快入职。感谢您一直帮我推进，无论结果如何我都期待您的反馈。"

这种表达方式既守住了底线，又给 HR 留出了空间——毕竟 HR 的 KPI 是"成功招到人"，而非"压到最低价"。

2. 如何借助猎头有效推进面试

猎头不仅是连接求职者与企业的桥梁，更是求职者获取市场信息、提升面试成功率的重要资源。通过与猎头的有效沟通，求职者可以更好地了解目标公司的需求、职位的具体要求及自身的市场竞争力，从而在面试过程中争取主动。

（1）接到猎头电话：识别猎头 + 获取面试信息 + 进一步咨询

接到猎头电话时，求职者应通过"六轮追问法"明确信息，同步展现自己和目标职位的匹配度，如表 1-4 所示。

表 1-4　六轮追问法

追问	目的	示例
识别猎头背景	确认猎头专业性，为后续合作打基础	你们是哪家猎头公司？我知道你们在新消费领域还是挺有名气的
锁定职位核心要求	了解公司情况和职位要求	目标公司是什么情况？市场总监职位的具体要求有哪些
确认匹配进度	了解进度及匹配度，强化自身优势	对方已经看过我的简历了吗？还是您先筛选的？他们看中我在上一家公司的工作经历吗
评估成功概率	评估这次推荐的成功概率	你们与这家公司合作多久了？成功推荐过人选吗
预判文化匹配度	提前规避风险，暗示自身优势	公司风格更看重专业能力还是文化匹配度？之前推荐失败的原因是什么
锚定预期薪资	避免与预期薪资出现偏差，掌握谈判先手	我在上家公司的年薪近 80 万元，这家公司的薪酬预算是否匹配

经过以上追问，求职者就可以准确评估自身与目标职位的匹配度了。接下来，可以让猎头进一步推进。

"好的，请把我的简历给他们推荐一下，看一看安排面试时间。"

求职者也可以进一步咨询自身简历在市场上的竞争力。

最后，求职者要表明意向并期待反馈。

"我也再了解一下他们公司的情况。如果他们觉得合适，我可以去面试看一看。我们保持联系，谢谢。"

（2）猎头追问面试反馈：及时反馈＋同步情况＋推进反馈＋额外信息

面试结束后，猎头通常会主动联系求职者询问面试反馈。此时，求职者应及时向猎头反馈面试情况，并表达对面试结果的期待。例如，求职者可以向猎头反馈："整体沟通挺顺利，面试官对我的某个项目经验很感兴趣"，并请猎头帮忙跟进面试反馈。同时，求职者还可以通过猎头获取更多关于目标公司的信息，如"他们后续要启动一个新项目，这个职位是否会涉及新项目"等问题，以便求职者更好地了解职位的发展空间。

（3）面试通过准备谈薪：确认薪资诉求＋主动沟通＋积极态度

面试通过后，猎头会通知求职者并推进谈薪环节。此时，求职者应主动确认自己的薪资诉求，并与猎头沟通后续的谈薪策略。

"之前已通过您向公司表达了我的薪资诉求，对吧？（确认猎头已传递信息，避免信息差）正式沟通 offer 时我想直接与 HR 对接，这样能提高反馈效率。您有哪些建议呢？（掌握谈薪主动权，同时借力猎头经验）我们一起努力把 offer 拿下，感谢您的支持！"（强化合作关系，推动猎头更积极的助力）

通过以上步骤，求职者可以借助猎头的专业支持，有效推进面试进程，提升求职成功率。在整个过程中，求职者应把猎头当作"求职盟友"，始终保持主动沟通的态度，及时反馈信息，而不是单方面依赖猎头。

3. 如何借助 AI 技术提高面试效率

随着 AI 技术的发展与普及，求职市场也迎来了新的变革。求职者要学会借助 AI 工具提升自己的竞争力，让求职之路更加顺畅。求职者可以利用 AI 工具从以下几个方面提高面试效率，如图 1-5 所示。

图 1-5　利用 AI 工具提高面试效率

（1）了解目标公司

了解目标公司是求职面试中非常重要的一个环节。传统方法是求职者通过官网、脉脉和搜索平台获取信息，但信息较为零散，求职者很难抓住重点。有了 AI 工具后，求职者可以通过提示词精准挖掘隐性信息，锁定面试关键词。

提示词示例：

"帮我整理 ×× 公司的基本信息，包括成立时间、融资情况、核心业务、市场地位、最新动态。"

得到答复之后，求职者可以针对自己感兴趣的信息进行深层追问。

提示词示例：

"它们的主要竞争对手是谁？相比之下 ×× 公司的优劣势是什么？"

（2）拆解 JD

求职者可以把目标职位的 JD 截图上传或复制粘贴到 AI 工具中，通过提示词进行拆解，进而分析自己与目标职位的匹配度。具体操作如表 1-5 所示。

表 1-5 利用 AI 工具拆解 JD

维度	提示词
基础信息提取	请分析图中（或以下）JD，提取出职位名称、所属部门、工作地点、汇报对象、薪资范围和福利待遇
	从这份 JD 中找出招聘公司的名称、联系方式及招聘信息发布的截止日期
核心能力与技能要求	列出胜任该职位需要具备的专业技能、通用技能和软技能，每个类别分别列举至少三项，并标注各项技能的重要程度（高、中、低）
	针对这份 JD，提炼出胜任职位所需的五项关键能力要求，并说明判断依据
工作职责	请将 JD 中的工作职责进行拆解，整理成具体的工作任务，并按照重要性和紧急程度进行排序
	分析这份 JD，把工作职责划分为日常工作、项目工作和临时性工作，并分别列出具体内容
与个人匹配度分析	我有［列举相关经验、技能和优势］，请结合这份 JD，分析我的优势，以及与该职位的匹配程度，并指出我可能需要补充或提升的方面
	请对比我的简历［简要描述简历的核心内容］和这份 JD，找出我符合职位要求的部分和存在差距的部分
挖掘潜在需求	仔细研究这份 JD，挖掘其中隐藏的或未明确表述的职位要求，如对工作态度、职业素养等方面的潜在期望
	从这份 JD 中推测该职位在未来 6 个月内可能面临的主要挑战和压力点，并分析应对这些挑战所需的能力和素质
职位发展与晋升	根据以下 JD，分析该职位在公司内部的职业发展路径，包括可能晋升的职位和所需的条件
	请结合这份 JD，探讨该职位在行业内的发展前景和趋势，以及个人在该职位上的成长空间

（3）辅助面试准备

求职者可以利用 AI 工具为即将到来的面试做好准备。

①一轮面试准备

一轮面试准备是指求职者通过分析匹配度挖掘面试中可能面临的挑战，同时预测面试问题，提前准备回答思路。求职者可以通过截图上传或复制粘贴的方式将目标职位的 JD 和个人简历提供给 AI 工具，然后输入提示词。

提示词示例：

"请根据 JD 和简历，深入剖析该职位的核心技能、关键职责和所需经验，分析简历中的求职者和职位匹配的地方，以及可能存在挑战的地方，并站在面试官的角度，给出面试中可能会被问到的问题。同时，结合求职者的经验，给出一些回答思路。"

需要注意的是，AI 工具提供的回答思路仅供参考，求职者最好请业内朋友或猎头帮忙把关，形成自己的面试话术。

②二轮面试准备

一轮面试通过后，面试官可能会给求职者"留作业"，如写一个产品推介方案等。求职者也可以利用 AI 工具为自己提供思路。

提示词示例：

"请为［产品名称］制定一个产品推广方案，目标是提高产品知名度和销售量，目标受众是［目标受众特征］。"

需要注意的是，AI 工具的回答只能作为参考，求职者切不可照搬照抄。

（4）模拟面试演练

求职者还可以利用 AI 工具模拟面试，通过角色设定快速提升自己的应答逻辑、抗压能力和职位匹配度。

提示词示例：

"请参考图片中的公司简介、JD 和个人简历，扮演 ×× 公司 ×× 职位的面试官，与我进行一场模拟面试。要求：每次只提 1 个问题，涵盖职位核心能力（如沟通能力、问题解决能力），提问后提供反馈。"

演练结束后，求职者要先找到扣分最多的部分，如"说话太琐碎""案例没数据"，优先处理这些硬伤。然后，关掉评分，站在面试官的角度看一遍自己的面试录像，找到 AI 工具不懂的细节，如语气像不像聊天？案例听起来像不像编的？等等。处理好这些问题之后，求职者应反复演练，直到自然、顺畅为止。

借助 AI 工具提高面试效率的风险提示

第一，AI 优化不等于造假，求职者不可以让 AI 工具虚构自己的工作经

（续）

历或夸大成果，如将"参与项目"改为"主导项目"。求职者可以在提示词中明确要求"仅优化语言表达，不添加虚假信息"。如果在简历中引用了AI工具优化的表述，可在面试中说明："我的简历借助AI工具优化了语言结构，但所有经历都是真实的"。

第二，在真实面试中尽量不要使用AI提词器、实时翻译工具等。

第三，避免直接用AI工具生成的"完美答案"替代个人思考。AI工具生成的所有内容仅用于练习，面试时求职者需基于真实经历作答。

第四，多AI工具组合，规避单一AI工具的短板。

第五，保护个人隐私，不要上传包含身份证号、银行账户信息的简历。简历中用"××科技"代替公司的真实名称，同时隐去敏感的个人信息；优先使用知名企业生产的AI工具，并且确认隐私协议中包含"数据仅本地存储"条款。

第六，AI是工具，不是替身。高效利用AI工具的关键在于"人机协作"。求职者可以将AI工具模拟的结果与面试官的真实反馈交叉验证，持续校准优化方向，最终实现"AI工具辅助→能力内化→独立应对"的能力跃迁。

面试不是考试，
而是交流。
可以参考解题思路，
不要照背"标准答案"。
学会借力，
面试才能毫不费力。

第二章

面试先导：如何敲开面试之门

投了无数份简历，却一个面试机会也没有？你可能是选错了求职渠道，也可能是简历不够精彩。本章的内容可以帮助求职者掌握从选择合适的求职渠道到撰写一份出色的简历再到投递简历的全流程策略，顺利敲开心仪公司的大门。

一、渠道选择：直通心仪工作的途径

求职者常常感到困惑：市场上有那么多空缺的职位，为什么找不到一份与自身匹配的工作？招聘者也常常感叹：市场上有那么多的求职者，为什么难以招到合适的人才？这种矛盾主要源于用人双方在目标拟定过程中做得不够精准。

不少求职者因为缺乏目标，盲目投递简历和面试，导致半年后仍在寻找机会。一般来说，求职目标不必过于具体，既可以按照行业进行划分，如传统行业、互联网行业等；也可以按照工作经验进行划分，如应届生、工作 3 年内、工作 5 年以上；还可以按照企业性质进行划分，如外资企业、民营企业等。

确定目标后，求职者就要知道自己可以在哪些渠道找到心仪的工作。目前市场上的主要招聘渠道包括求职平台、非常规渠道和内推。

1. 常见的求职平台

常见的求职平台包括前程无忧、智联招聘、BOSS 直聘、猎聘网、脉脉、领英、牛客网和应届生求职网等。这些求职平台因面向的人群特点不同而各有侧重。求职者应根据自身的求职目标和个人定位，精准选择并高效使用求职平台。

（1）如何选择求职平台

在选择求职平台时，求职者可以根据自己所处的阶段及目标行业的属性进行考量。

①传统行业求职

如果求职者的目标行业是食品零售业、制造业、建筑业等传统行业，那么推荐使用前程无忧和智联招聘。这两个求职平台属于老牌求职渠道，覆盖区域广泛，主要服务于传统行业。许多传统企业，特别是包含销售职位的企业，通常会选择在这两个平台上发布招聘信息。

如果求职者的目标是传统行业且希望从事销售职位，那么这两个平台无疑是优先选择。同时，对于有意应聘国有企业（国企）、中央企业（央企）或其他传统风格企业的求职者来说，这两个平台也可以作为优先之选。尽管它们的风格偏向传统，但入驻的企业相对可靠，能够为求职者提供稳定且高质量的求职机会。

②互联网行业求职

如果求职者的目标行业是互联网行业，那么推荐使用 BOSS 直聘、猎聘网、脉脉、领英等求职平台。这些平台不仅互动性强，而且用人单位的反馈速度也相对迅速。表 2-1 为这 4 个求职平台的对比分析，求职者可根据自身所处行业、职位需求及职业阶段，选择适合的求职平台，并注意甄别职位质量和公司背景，以提高求职效率。

表 2-1 不同求职平台的对比分析

求职平台	定位	优势	劣势	求职要点
BOSS 直聘	综合性求职平台	①职位种类丰富；②反馈速度快、频次高；③互动性强	①职位质量参差不齐；②无效面试邀约较多，尤其是销售、客服、保险类职位	①擦亮眼睛，避免无效面试邀约；②注意公司规模和业务信息；③警惕未经沟通直接邀约的面试
猎聘网	高端人才求职平台	①高薪职位多；②猎头资源丰富，适合资深职场人	①猎头质量参差不齐；②初级职位覆盖较少；③高薪职位竞争激烈	①优化简历，突出关键词；②谨慎选择猎头，了解猎头背景；③如应聘高薪职位需提前做好准备
脉脉	社交兼求职平台	①可获得内推机会；②可了解公司员工评价及内部信息	①招聘时效性较差；②职位资源有限；③反馈速度慢	①可将其作为辅助平台，寻找内推机会；②提前了解目标公司的内部评价，辅助决策；③不将其作为主要求职渠道
领英	全球性求职平台	①外资企业职位多；②可获得跨国工作的机会	国内已无法直接登录，求职者需通过其他渠道访问	①通过合法渠道登录并使用；②谨慎鉴别招聘信息的真伪

③应届生求职

推荐应届生使用牛客网和应届生求职网。这两个平台专注于提供应届生岗位和实习机会，提供了大量面试、笔试真题及学长经验分享。牛客网还提供了大量面试资料，涵盖许多知名企业的"面试真经"，应届生可以提前进行练习。

对于国内一流大学的应届生而言，关注学校的招聘网站及重要 BBS（Bulletin Board System，网络论坛）也能够获得专属的招聘信息，这无疑是一个非常好的选择。

（2）如何高效使用求职平台

求职者每天在求职平台上不断地刷新职位信息，却越刷越焦虑？投递了无数份简历，却连一个面试机会都没有？之所以出现这些情况，可能是求职者还不会有效使用求职平台。图 2-1 为高效使用求职平台的 3 个技巧。

图 2-1　高效使用求职平台的 3 个技巧

①固定时间浏览职位

求职者应固定时间浏览职位信息，固定时间投递简历，避免无谓的焦虑。将求职视为日常工作，合理安排休息时间，不仅能提高效率，而且能缓解焦虑，让求职过程变得轻松愉悦，结果也会更好。

②多用搜索，少用推荐

求职平台通常会向求职者推荐很多职位信息，但匹配度通常非常低。求职者应提炼自身标签，主动搜索与自身匹配的职位信息，而不是依赖平台的推荐。

求职者曾担任项目经理，主要参与的是数字化转型项目，那么可以将"数字化转型""信息化项目"等关键词作为标签搜索相关职位，这样匹配度更高，效果也更好。

③少花钱，精准求职

许多求职者花费大量金钱购买求职平台的会员，但这些所谓的"增加曝光"往往效果有限，吸引来的多是销售或广告类职位，并不一定适合自己。实际上，只有求职者最了解自身需求，精准求职才是更有效的策略。

2. 找工作的非常规渠道

除了常见的求职平台，求职者还可以尝试多种非常规渠道，例如，参加线下招聘会、访问公司官网，甚至直接到线下门店求职等，这些方法都能有效拓展求职途径。接下来，我们重点介绍一下如何利用猎头、投资平台、搜索平台、当地人才网、上门自荐等非常规渠道找工作。

（1）猎头

年薪已达到 20 万元以上的求职者不要只会使用常见的求职平台，一定要学会利用猎头。求职者要抓住以下几个用猎头找工作的关键点，如图 2-2 所示。

图 2-2 求职者用猎头找工作的关键点

①优化简历

求职者首先要有一份能够吸引猎头关注的简历。为此，求职者要在猎聘网、脉脉等猎头经常浏览的求职平台更新简历，凸显自己的核心优势，如知名企业工作背景、专业技能等，便于猎头搜索。

②主动出击

除了被动等待，求职者也要主动联系猎头，通过访问知名猎头公司网站或公众号，如万宝盛华（Manpower）、科锐国际（Career International）、CGL（Consultants for Global Leadership）等，查找其近期发布的与自己适配度高的职位，并直接联系猎头，递交简历，表达求职意向。

此外，求职者还可以利用自己的人际关系拓展猎头资源，例如，联系曾合作过的猎头，或者请求朋友推荐猎头。猎头是求职过程中的重要资源，需要求职者主动挖掘，并在合作中筛选出值得长期合作的猎头。

③判断水平

求职者无须联系过多猎头，选择 3～5 个专业猎头即可。那么，求职者如何判断猎头的专业性呢？通常，求职者可以通过询问猎头过往的成功案例、目标公司的业务范围及职位的具体要求等进行判断。如果猎头无法清晰回答这些问题，则表明其专业水平不够。此外，求职者还可以通过考察猎头所在公司的情况进行判断，知名猎头公司的规范程度相对更高，他们的猎头通常更加专业。

④获取信息

求职者要充分利用猎头获取目标公司的信息，如面试官关注的重点、公司产品及面试的注意事项等，这些信息能帮助求职者更好地准备面试。此外，求职者在每次面试后应及时与猎头沟通，分享面试的感受和自己的顾虑，猎头会根据这些情况反馈信息，这些信息对求职者至关重要。

⑤坦诚沟通

求职者在与猎头沟通时，应保持相对坦诚的态度，尤其涉及上家公司的薪资水平、离职原因及自身经验限制等关键信息时，建议如实告知猎头。因为在整个求职过程中，猎头可以帮助求职者获取面试机会，求职者隐瞒重要信息可能会错失机会。

同时，求职者还需注意保密工作。求职者应避免向猎头透露上家公司的敏感信息，如核心业务数据和组织架构等。在薪资谈判环节，求职者需根据自身职位层级判断是否需要猎头参与。如果是高管职位，猎头的介入可能利于求职者争取更高薪资；但对于普通职位，建议求职者直接与 HR 沟通，以免遗漏信息，谈判失败。

（2）投资平台

求职者可以通过关注"聪明的钱"的流向来寻找优质的职业机会。所谓"聪明的钱"，是指那些由投资机构、投资银行和风险投资（VC）等专业投资者掌控的资金，它们通常流向具有高增长潜力的行业和企业。求职者可以通过浏览金融资讯网站获取最新的投融资信息，包括哪些企业获得了融资，以及融资的轮次和投资机构等。

当发现大量投资机构投资某个领域时，求职者就可以关注该领域的相关机会。因为获得融资的企业通常会扩大招聘规模，这些职位往往紧急、真实且薪资水平较高。这种方法适合一线和新一线城市的中高层次求职者，尤其是月薪在一万元以上的群体。

（3）搜索平台

求职者可以主动搜索所在城市当前的百强企业名单和专精特新企业名单。这些企业通常为城市创造了较高的 GMV（Gross Merchandise Volume，商品交易总额），获得了较多的资源支持，是求职者的优质选择。

求职者可将所在城市名称与"百强企业名单"或"专精特新企业名单"作为关键词。例如，在常州可搜索"常州百强企业名单"或"常州专精特新企业名单"，在珠海则搜索"珠海百强企业名单"或"珠海专精特新企业名单"。筛选出符合求职目标的企业后，求职者就可以通过企业官网或招聘平台查找职位信息，有针对性地投递简历。

这种方式能帮助求职者从海量企业中筛选出优质选项，提高求职效率。求职者可根据个人习惯选择搜索工具，如百度、夸克等。

（4）当地人才网

除了综合性招聘网站，求职者还应关注本地特色人才网站。许多城市设有政府支持的人才网站，企业会在这些网站发布职位信息。求职者可以通过搜索"［城市名］+人才网"或"［城市名］+招聘"找到这些本地资源。此外，求职者还可以关注当地政府部门的官方网站或相关公众号，这些渠道也会发布招聘信息。通过这些方式，求职者可以更精准地找到符合自身需求的职位，同时避免因企业未在主流平台发布信息而错失机会。

（5）上门自荐

如果目标企业有线下门店，求职者可以考虑直接前往门店咨询。这种方式可以让用人双方直接沟通，是一种不错的求职策略，尤其适合零售、服务等行业。然而，对于那些没有线下门店、仅在办公楼里办公的企业，求职者不宜采用上门自荐的方式。

求职者需要谨慎对待这种非常规求职方式。除非目标企业的线下门店有明确的招聘需求，否则直接上门自荐可能会让企业觉得求职者没有遵循正规的应聘流程，甚至可能被认为缺乏基本的职业素养。企业通常希望求职者能够通过常规渠道投递简历，而不是毫无准备地突然出现。

因此，求职者在选择求职渠道时，应充分考虑目标企业的实际情况和招聘需求，避免因方式不当而错失机会。

3. 最高效的求职渠道——内推

内推是最高效的求职方式之一。许多知名企业设有专门的内推平台，定期举办内推活动，鼓励员工推荐亲朋好友或社会资源加入企业，成功推荐之后，员工还可能获得奖金。个别企业的内推比例甚至高达50%。因此，求职者应充分利用内推机会，提升求职成功率。

内推的优势是直接将简历送到业务部门管理者或HR手中，提高简历的曝光率；求职者可以通过内推人更好地掌握进度并推进招聘流程；内推人可以为求职者背书，提升成功率；校招生得到内推机会后甚至可以免去笔试，直接进入面试环节。

内推并不是"走后门"，而是对求职者职场连接能力的一次锻炼。求职者应勇敢地向外界展示自己的求职意愿，争取内推机会。

（1）盘点内推资源

求职者可以从以下两个方面盘点自己的内推资源。

①身边资源

求职者应优先从身边资源入手，包括亲戚、朋友、前同事、前领导、客户、同学及上下游合作伙伴等，主动告知他们自己正在找工作，例如，"我现在正在看机会，你那边如果有好机会，可以帮我推荐"。

只有主动表达需求，才能发现潜在的资源。

②社会资源

求职者要学会利用社会资源，即各类社交平台，如小红书、脉脉、领英、知乎、牛客网等。许多企业员工会在这些平台发布招聘信息并帮助内推。

（2）用内推求职的关键

为了提高内推成功率，求职者需注意如图 2-3 所示的两点。

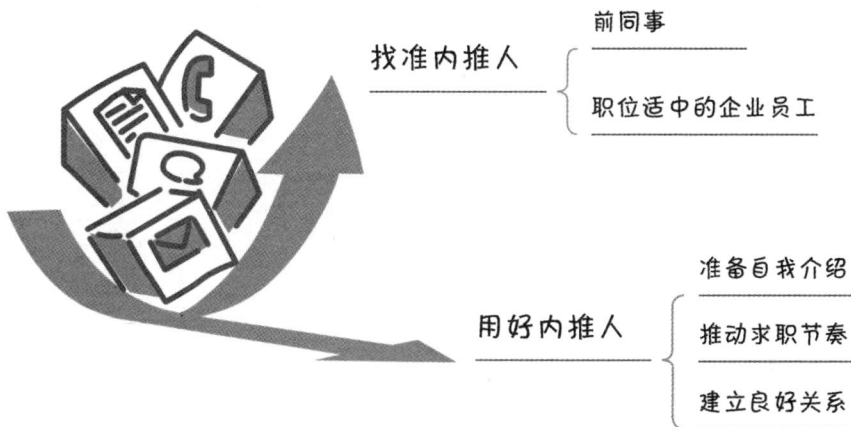

图 2-3 内推求职的关键

①找准内推人

最好的内推资源是前同事，甚至可能是平级同事，因为他们了解求职者的能力，同时他对本行业和企业也有一些切身体会，能够反馈给求职者。对于应届生而言，可以直接联系学长，因为他们所在的企业往往更符合应届生的职业发展需求，通过他们内推通常能够取得较好的效果。

如果想在社交平台找到目标企业的员工，并将其作为内推人，建议求职者不要选择职位过高的人，除非求职者自身的职位也较高。因为职位较高的人通常精力有限，可能无暇顾及内推事宜。对于应聘普通职位的求职者来说，寻找职位适中的内推人更合适。

②用好内推人

找到内推人后，求职者在内推求职的过程中需要注意以下三点。

用好内推人的注意事项

准备自我介绍：除了简历，求职者应附上一段简短的自我介绍（3～5 句话），说明自己的从业经历与目标职位的匹配度和优势，这有助于内推人填写内推理由或直接转发给 HR，提升简历通过率。

> **推动求职节奏：** 被推荐后，求职者可以定期向内推人了解简历筛选和面试进展情况，确保流程顺利推进。
>
> **建立良好关系：** 如果求职者通过内推被成功录用，一定要向内推人表示感谢。如果内推人是企业员工，未来可能会成为同事或合作伙伴，因此双方建立良好的关系非常重要，但很多求职者会忽略这一点。

无论选择哪个求职渠道，求职者都应保持积极主动的态度，充分准备并优化自己的求职资料，同时根据目标职位和企业特点灵活调整求职策略，确保在竞争激烈的就业市场中脱颖而出。

二、简历聚焦：HR 的 10 秒审阅重点

简历是什么？它是一份用于展示个人基本信息、教育背景、工作经验、技能特长、工作成果和职业目标等的书面文件。它通常用在求职过程中，帮助求职者向企业展示自己的能力和价值，争取面试机会。

很多求职者投递了大量简历，却常常石沉大海，或遭遇 HR 的“已读不回”。究其原因，极有可能就是简历没有写好。写简历不是一件简单的事情，它需要求职者具备一定的写作技巧，包括对职场和目标公司职位的理解。

HR 查看一份简历会花费多长时间？答案是 10 秒钟。很多时候，HR 在 10 秒钟内就能决定是否给求职者面试的机会。因此，一份简历不仅反映了求职者的过去，更决定了求职者的未来。

1. HR 如何筛选简历

求职者要想写好简历就要从理解求职开始。

简历是给 HR 看的，他们通常是筛选简历的第一关。然而，许多求职者在写简历时，却像是在为自己总结过往经历，满足自己的审美或心理需求。例如，曾有一位从事培训工作的求职者，他的简历采取了很花哨的民族风设计风格，虽然满足了他个人的审美诉求，却忽视了简历的真正受众。简历的首要作用是帮助HR 快速了解求职者的能力和经历。因此，简历的设计和内容应以简洁明了、突出重点为原则，而不是追求个人化的设计风格或装饰效果。

那么，什么样的简历能让 HR 对求职者留下较好的第一印象呢？一般来说，HR 第一眼会从以下四个关键点快速筛选简历，如图 2-4 所示。

图 2-4　HR 筛选简历的四个关键点

（1）学历和年龄

学历是 HR 筛选简历时的重要考量因素。

产品经理等职位至少需要任职者有本科学历，如果求职者的第一学历是专科，但后续获得了本科学历，建议在简历中先写本科学历，以增加筛选通过的机会。

虽然大部分情况下求职者无须写出年龄，但对于个别职位，如果求职者的年龄过大就可能不太合适。因此，求职者应谨慎考虑是否在简历中透露自己的年龄信息。

（2）所在地和期望工作地

所在地和期望工作地也是 HR 筛选简历时关注的关键点。如果求职者期望到一个城市工作，但目前所在地与该城市不同，建议只写期望工作地，以避免给 HR 留下异地工作的印象。

（3）期望薪资

期望薪资是求职者与 HR 在薪资谈判中的敏感点。如果求职者是资深人士且期望薪资较高，可以明确写上期望薪资，以免被低薪职位打扰。对于大多数求职者来说，如果希望获得更多的面试机会，可以不写期望薪资，在后续的面试和谈判中再行讨论。

（4）简历命名和格式

简历的命名和格式也是影响HR筛选的重要因素。好的简历命名应该包含职位、城市和核心经验等信息，以便HR快速归类和识别，如"短视频运营-董××-10年大厂经验。"

这样的命名既清晰又直观，有助于HR快速了解求职者的背景和职位需求。

2. 简历的减分项

什么样的简历在求职过程中比较减分呢？总结来说，主要有以下四个减分项，如图2-5所示。

图2-5　简历的四个减分项

（1）存在基本错误

简历的基本错误主要体现在模板乱用、错字连篇和信息缺失三个方面。

①模板乱用

许多求职者认为简历的模板很重要，于是从网上购买各种模板，甚至使用复杂的Excel模板。但实际上，模板没那么重要，因为简历的核心内容是求职者的信息。一般来说，市面上最简单的模板就够用了，或者直接使用招聘网站上内置的模板。复杂的模板可能导致格式错乱，甚至在HR那里变成乱码。

②错字连篇

在HR眼中，简历中出现错字就代表了求职者的不专业和不细心。所以，求职者在提交简历之前，务必仔细检查，确保没有错别字。

③信息缺失

有些简历中缺少关键信息，例如，求职者的联系方式不完整，缺少邮箱或者电话号码少一位数；某些时间段的工作经历缺失。

（2）存在严重硬伤

简历中的所谓严重硬伤包括求职者的职业经历不连贯，如频繁跳槽、长时间职业空白或职位跨度太大等。这些情况会让 HR 怀疑求职者的职业稳定性和发展方向。所以在简历中，求职者应尽量解释清楚这些不连贯的地方，打消 HR 的疑虑。

一位求职者已经做到销售总监的职位了，后面突然去另一家公司做销售专员。HR 就会觉得这样的情况不合理。求职者需要在简历中梳理从业逻辑。可能该求职者之前在一家很小的公司工作，职位的头衔比较高，属于虚高的职位，那么求职者在填写职位信息的时候就不要写"销售总监"，可以改成"销售主管"或"销售负责人"，这样求职者以后进入一家大公司又从"销售专员"做起就容易理解了。

（3）看不出胜任力

胜任力是一个人在特定工作情境中成功完成任务所需的知识、技能、态度和行为的综合体。这个概念最早由哈佛大学教授戴维·麦克利兰（David McClelland）于 1973 年提出，他认为胜任力是能够将某一工作中有卓越成就者与普通工作者区分开的深层次特征。这些特征可以是动机、特质、自我形象、态度或价值观、某领域知识、认知或行为技能等。

在简历中看不出胜任力可能是因为其存在两个问题：过于简单或过于冗长。

有些求职者的简历过于简单，仅写了几句话，如"我在某公司做会计，负责会计审核工作"，这是远远不够的。求职者在简历中展现胜任力的关键在于，解释自己为什么比别人做得更好，以及自己的经历与目标职位的匹配度。这需要求职者认真研究自己在之前的工作经历中产出的价值，并且学会用职场语言描述价值。

和过于简单相对应的是，有些简历表述过于冗长，导致简历长达四五页甚至六七页，HR 很难抓住重点，也就看不出求职者的胜任力。通常情况下，工作

2～3 年的求职者应将简历控制在 2 页以内，而工作 10 年以上的求职者也应将简历控制在 3～4 页，不宜超过 4 页。

（4）看不出匹配度

在求职过程中，匹配度是一个非常重要的概念，它通常是指个人能力、经验、性格、价值观等与目标职位要求的符合程度。看不出匹配度的主要表现是求职者在简历中描述的经历和目标职位没有太大关系。应届生求职者、跨行业求职者的简历很容易出现这个问题。

为了避免在简历中出现这个减分项，求职者就需要根据目标职位深入分析自己的经历。如果求职者的目标职位是销售，但是他过往的工作经历并不是以销售为主，那么求职者就要把自己过往经历中和销售岗位需要的核心技能相关的经历凸显出来，不相关的经历则淡化一下，让 HR 能够理解求职者确实是想找一份销售的工作。

我曾经辅导过一位工作了两年的财务求职者写简历。他的第一版简历列出了许多专业技能，包括会计核算、风险收益分析、成本控制、资金管理、预算编制、费用控制和财务分析等。乍一看，这些内容写得很专业，但仔细一想，一个工作仅两年的求职者怎么可能掌握这么多技能呢？这显然是不现实的。

简历中的优势应与目标职位的核心要求相匹配。如果求职者申请的是会计职位，就应该突出财务报表编制、账务处理、税务申报、审计配合和内部控制等核心技能与经验。虽然预算编制、费用控制和财务分析等技能也很重要，但这些技能更偏向于财务管理或财务分析职位，而不是会计职位的核心要求，因此不必呈现在简历中。如果求职者确实具备这些技能，也可以简要提及，但不要作为自己的优势来突出呈现。

如何使用 AI 工具辅助检查简历中是否存在减分项

检查基本错误：包括拼写和语法错误、格式不规范等问题。

提示词示例："请检查以下简历文本中的拼写和语法错误，并指出问题所在：[简历文本]。""请检查以下简历文本的格式是否规范，包括字体、字号、段落格式等，并指出问题所在：[简历文本]。"

检查严重硬伤：包括经验不足或空窗期、技能缺失等问题。

（续）

提示词示例："请检查以下简历中是否存在工作经验不足或空窗期的问题，并提出建议：［简历文本］。""请检查以下简历中是否缺少目标职位所需的技能，并提出建议：［简历文本］。"

检查胜任力：包括能力展示不足、成果量化不足等问题。

提示词示例："请检查以下简历中是否充分展示了与目标职位相关的能力，并提出改进建议：［简历文本］。""请检查以下简历中是否对成果进行了量化描述，并提出改进建议：［简历文本］。"

检查匹配度：包括与目标职位匹配度不足、关键词匹配不足等问题。

提示词示例："请检查以下简历与目标职位的匹配度，并提出改进建议：［简历文本］。""请检查以下简历中是否包含了目标职位的 JD 中的关键词，并提出改进建议：［简历文本］。"

全面检查简历的减分项：一次性全面检查四个维度的减分项问题。

提示词示例："请全面检查以下简历中是否存在减分项，包括拼写错误、语法问题、格式不规范、工作经验不足、技能缺失、能力展示不足、成果量化不足，以及与目标职位的匹配度差，并提出改进建议：［简历文本］。"

3. 一份好简历的必备三要素

一份好的简历必须具备三个要素，如图 2-6 所示。

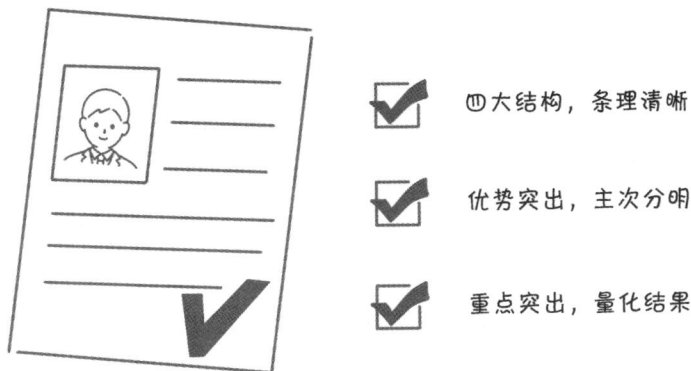

图 2-6　好简历的必备三要素

（1）四大结构，条理清晰

一份标准的简历具备基础信息、自我评价、工作经历和项目经历四个部分。如果求职者是应届毕业生，简历中可能还需要增加实习经历、志愿者经历和研究成果等附加信息。这些内容构成了一个相对完整的简历，求职者只需要按照这个结构条理清晰地进行表述就可以了，没有必要调整结构，或者增加一些结构。

（2）优势突出，主次分明

求职者在简历中表述自己的工作经历的标准排序方式是按时间顺序进行排序。很多求职者写简历时会从刚刚毕业开始，由远及近地介绍，这就可能导致 HR 看到简历后产生这样的误解：这个人工作 10 年了，怎么还是一个专员呢？实际上，HR 首先看到的应是求职者刚刚结束的那份工作。所以，求职者在写简历的时候一定要建立用户思维，采用由近及远的排序方式，把最近的工作放在最前面，刚刚毕业的工作放在最后面。

在详略安排上，最近的工作经历应尽量翔实，而 10 年前的工作则可以简略带过，没必要做详细的阐述。通常情况下，HR 更关注求职者最近 5 年的工作经历，因此求职者对最近两份工作的描述一定要翔实一些，越往前的工作经历就可以越淡化。

（3）重点突出，量化结果

简历的重要内容是突出求职者的核心能力和主要工作成果，让 HR 快速了解自己的核心竞争力。因此，求职者在简历中描述每段工作经历时，应将最重要的工作职能放在最前面。

一名会计在工作中可能有五项职能，假如其中最重要的职能是核算工作，就应该把它放在最前面，其他次要工作放在后面。

求职者一定要注意：避免将支持性工作放在重要位置。支持性工作通常是指那些具有辅助性质的任务，虽然这些任务也很重要，但它们并没有体现求职者的主要职责或核心技能。

会计的工作职能中可能也包括文档整理、会议记录、数据录入等任务，在简历中可以简要提及，但不要占用过多篇幅。

简历应做到数字化呈现，量化工作成果。在查看简历时，HR 经常会带着问号来看：这个求职者的能力真有这么强吗？此时，数据就是最好的证明。职场语言就是尽可能地用数据来量化结果。

求职者从事的是运营工作，曾经出色地完成了一个用户运营项目，那么结果是什么样子呢？用户增加了多少？同比和环比的变化是多少？

这就是数据。这些数据能够真实地体现求职者的工作价值及其核心竞争力。

三、简历打造：手把手教你写出亮点

求职者在写简历时，应当思考并明确以下三个问题：我在一家什么样的公司工作过？我在那里具体做了什么？我的工作产出如何？

如果可以清晰、准确地回答这三个问题，求职者就可以带着答案采用"三步法"写出一份出色的简历。所谓"三步法"就是定结构、勾形象、点灵魂。

1. 定结构：厘清职业发展阶段

简历中不仅要简单罗列工作经历，而是要梳理自己的职业发展脉络，构建出一个职业故事。这意味着求职者要厘清自己在每个阶段的职业目标和成长轨迹。

小王是一名拥有八年工作经验的财务工作者，曾在四家公司任职。他最初从事代记账工作，随后在两家软件公司担任会计并接触财务分析工作，最后在一家互联网公司负责财务业务拓展工作。

如果只是简单罗列这些经历，简历就会显得杂乱无章，没有重点。小王可以将职业发展路径进行梳理，分为探索期、成长期和成熟期三个阶段。

职业发展的三个阶段

探索期（1年）： 在一家公司从事基础账务工作，掌握了基本的会计准则。

成长期（4年）： 在两家软件公司担任财务主管，接触了财务分析工作，并对业务有了初步理解。

成熟期（3年）： 在一家互联网公司负责财务业务拓展工作，积累了丰富的从业经验。

经过这样的梳理，小王的自我介绍也就形成了。

"在过去八年里，我一直从事财务相关工作，这段经历可以分为三个阶段。第一阶段，我从事基础账务工作，积累了扎实的会计知识；第二阶段，我接触了财务分析工作，开始理解业务；第三阶段，我在一家互联网公司负责财务业务拓展工作，积累了丰富的从业经验。"

这样的介绍不仅清晰地展示了求职者的职业发展逻辑，还突出了他的成长轨迹。

对于工作时间较长的求职者来说，梳理职业发展的探索期、成长期和成熟期尤为重要。明确每个阶段的关键经历和成长点，能让求职者在撰写简历时更有针对性地突出重点。

在与目标岗位匹配度较高的阶段，求职者可以详细描述相关工作经验和成就；而在匹配度较低的阶段，则可以简略提及。

对于工作时间较短的求职者来说，可能暂时不需要梳理过于复杂的职业发展轨迹，但同样需要清晰地呈现自己的工作经历和能力。

如何使用 AI 工具厘清职业发展阶段

求职者可以将整个职业发展过程中的经历、成就和反思输入到 AI 工具中。AI 工具会帮助求职者全面梳理职业发展阶段，总结每个阶段的特点和对职业发展的贡献，并提供清晰的分析和总结。

提示词示例：

"请帮我全面梳理我的职业发展阶段，包括探索期、成长期和成熟期的经历、成就与反思，并总结每个阶段的特点和对职业发展的贡献：[具体经历描述]。"

---

2. 勾形象：职责要素 + 价值事件

有了清晰的结构后，求职者就需要进一步丰富简历内容，即"勾形象"。这包括详细描述自己在各个阶段的职责、关键任务及核心价值事件。通过梳理这些内容，求职者不仅能让简历更加生动，还能为面试中可能被问到的问题做好准备。

（1）职责要素

求职者可以按照职业生涯发展的三个方向探索典型的职责要素，即纵向发展、横向发展、核心方向发展。

①纵向发展

纵向发展是指职务等级由低到高逐步晋升，从专员到主管、经理再到总监，每个阶段的职责和工作内容都会不同。因此，求职者不能简单地将不同阶段的工作内容一概而论，而应根据不同的职务等级和职业发展阶段，提炼出与之匹配的核心工作内容和价值产出。

②横向发展

横向发展是指求职者在同一家企业或同一级别上可能经历了不同的职位。例如，一位在银行工作的求职者，最初从事柜员工作，后来转到客户支持岗位，再后来成为保险业务员。

在这种情况下，求职者需要解释履历中这些变化的发生原因，通过描述职责的变化凸显自己能力的提升。

在柜台工作时，我的主要职责是接待客户，提供服务；转到客户支持岗位后，我的职责包括组织早会和进行销售数据分析；转为保险业务员后，我的核心职责是拓展客户并完成保险销售工作，重点在于业绩成果。

③核心方向发展

核心方向发展是指求职者的职务虽然没有晋升，但承担了更重要的职责或参与了重大决策，这些内容也应写入简历。

在描述时，求职者可以使用"负责工作＋结果＋价值"的结构，并用数据贯穿始终。例如，一位从事人力资源工作的求职者参与了公司的人才库搭建，他可以按照以下方式进行描述。

负责工作：负责公司人才库的搭建和维护工作。

结果：2011年将1 030份简历上传至公司人才库，并协同招聘团队完成了人才画像和标签梳理。

价值：为公司人才供应链的打造奠定了坚实基础，提升了招聘效率和质量。

这种简历写法能够帮助求职者突出自己的综合能力，让 HR 一眼就能看出其水平和价值。

【演练】

请按照"负责工作＋结果＋价值"的公式总结你的工作经历。

负责工作： 结果： 价值：
负责工作： 结果： 价值：
负责工作： 结果： 价值：

（2）价值事件

价值事件就是能够体现求职者价值的工作经历。一个标准的工作经历应该由公司介绍、团队介绍和核心职责三部分组成。

① 公司介绍

求职者在介绍每一阶段的工作经历时，都应对自己所在公司进行简单介绍，用两句话概括公司的核心业务或商业模式。这不仅能让 HR 了解公司背景，还能展示求职者所在行业的相关性。

一位求职者曾在一家网络科技公司工作，而其应聘的岗位与医学科技相关，那么"公司介绍"部分可以帮助 HR 判断求职者的行业经验是否匹配。那么，该求职者简历中的公司介绍可以这样写："××网络科技公司是一家专注于医疗健康领域的创新型企业，致力于通过大数据和人工智能技术提升医疗服务效率。"

即使公司知名度较高，求职者也应简要介绍公司情况。如果是上市公司，可以提及上市地点和基本情况；如果是创业公司，应说明公司所处的融资阶段及公司规模的变化。

"××公司为纳斯达克上市公司，专注于金融科技领域，曾获多轮融资""××公司是一家处于 D 轮融资阶段的创业公司，在过去 3 年，公司员工人数从 20 人增长至 200 人"。

②团队介绍

如果求职者带过团队，应明确说明自己的部门、汇报关系及下属人数。例如，"我负责管理公司市场部门，直接向公司副总裁汇报，管理团队规模达 30 人。"

在团队介绍中，求职者要通过汇报对象的不同和带领团队的不同展示自己在公司中的职位层级与重要性。所以，求职者一定要说明自己直接汇报对象的职位。

一位求职者是人力资源经理，汇报对象是人力资源总监，这表明他在公司中有明确的上级，体现了公司的组织架构和层级关系；如果求职者的汇报对象是总经理，就可能意味着公司没有设置更高层级的人力资源职位，他实际上可能是公司人力资源领域的核心负责人。

③核心职责

求职者在描述工作经历时，应清晰地呈现核心职责、工作成果和相关荣誉。例如，一位产品经理可以这样描述自己的工作经历："负责产品介绍、产品定位、产品开发架构的搭建以及跨部门协调工作，确保项目顺利推进；年度绩效考核评分达到 90 分，并获得 2016 年优秀团队、2017 年优秀员工、2018 年最佳知识团队等荣誉称号。"

除了核心工作经历，求职者还应考虑添加项目经历。项目经历是工作经历的补充，能够更加集中地体现求职者的专业能力。通过叙述项目经历，求职者可以详细展示自己在某个项目中扮演的角色以及完成的具体任务，这比单纯描述工作职责和结果更能突出专业技能。

几乎所有职位都可以有项目经历，无论是职能类、技术类还是营销运营类职位，项目经历都能成为简历中的亮点。表 2-2 为不同职位可以展示的项目类型示例。

表 2-2 不同职位可以展示的项目类型示例

类别	职位	项目类型示例
职能职位	行政	搬家项目、资产盘点项目、员工满意度调查项目等
	人力资源	人才盘点项目、校园招聘项目、绩效改进项目、培训项目等
	财务	流程优化项目、项目成本分析、外部审计项目、IPO（Initial Public Offering，首次公开募股）项目、采购项目等
	采购	大型原材料采购项目、降成本项目等

（续表）

类别	职位	项目类型示例
业务职位	研发	重点突出在公司中参与的重大项目，尤其是跨公司合作或知名企业的项目
	营销	市场活动项目、品牌升级项目、营销活动策划项目等
	运营	运营活动项目、用户增长项目、客户攻坚项目等
专业职位	咨询	咨询项目等
	研究	行业研究项目等
	产研	产品开发项目等

求职者可以准备多个项目经历，以便根据不同的求职目标进行调整，突出与目标职位最相关的经验。

求职者可以使用 STAR 法则清晰展示项目的背景（Situation）、职责（Task）、行动（Action）和结果（Result）。以下是一个完整的用 STAR 法则描述项目经历的示例。

项目名称：生产线智能化改造项目

背景（Situation）：公司希望引入自动化技术，提高生产效率和产品质量；

任务（Task）：负责生产线的智能化改造方案设计、设备选型和项目实施；

行动（Action）：调研市场需求，选择合适的自动化设备和软件系统；协调供应商和内部团队，确保设备安装和调试顺利进行；培训员工，确保新系统顺利投入使用；

结果（Result）：项目完成后，生产效率提升 35%，次品率降低 20%，项目获得公司年度最佳创新奖。

学会用 STAR 法则描述项目经历，不仅能帮助求职者在简历中清晰展示项目经验，还能为面试做好充分准备。

最后，建议求职者将项目经历放在简历的附加部分，而不是直接融入工作经历中。这样可以避免因价值事件过多而影响简历的清晰度。

3. 点灵魂：自我评价

"点灵魂"，即求职者提炼自我评价，突出自己的从业经历与目标职位的匹配度。求职者需要思考自己如何与目标企业的需求进行契合，并通过自我评价部分生动地展现出来。这一步的目的是让 HR 快速判断求职者是不是他们想要的人选。

在提炼自我评价环节，求职者可以先使用 AI 工具生成一段突出与目标职位匹配度的自我评价。

提示词示例：

"请根据我的从业背景和目标职位需求，提炼一段自我评价，突出与目标职位的匹配度：[从业背景信息]。目标职位要求：[目标职位需求]。"

AI 工具生成的自我评价只是初稿，求职者需要进一步优化和调整，确保语言简洁明了，重点突出。

自我评价的撰写公式

核心经验：突出与目标职位相关的工作经验。如"拥有超过 10 年的互联网运营经验，覆盖电商和互联网教育领域"。

重点产出：展示过往工作中的关键成果。如"曾带领团队实现业绩 300% 增长，管理 GMV 超过 200 万元"，用数据体现工作成效。

关键技能：列举与目标职位需求匹配的软技能和硬技能。如"精通互联网企业全运营流程，擅长数据分析，具备强大的项目推动能力和团队协作能力"。

工作风格：体现求职者的工作态度和适应性。如"始终保持创业心态和学习动力，有加入创业公司的决心"，展示求职者与目标企业的适配性。

一份好的自我评价，能够让 HR 对求职者产生兴趣，愿意进一步了解。相反，如果自我评价部分缺失或写得不好，可能会给 HR 留下敷衍或不专业的印象。应届毕业生在撰写自我评价时，应避免使用过于夸张的褒奖词汇，而应更加务实，贴近目标职位的需求。

【演练】

请按照"核心经验 + 重点产出 + 关键技能 + 工作风格"的公式总结你的自我评价。

核心经验：

重点产出：

关键技能：

工作风格：

核心经验：

重点产出：

关键技能：

工作风格：

核心经验：

重点产出：

关键技能：

工作风格：

四、硬伤应对：如何修复简历中的"疤痕"

求职者在准备简历时，常常担心因简历中的"硬伤"而被 HR 拒之门外。这些"硬伤"包括空窗期、频繁跳槽或缺乏相关经验的转型。要想解决这些问题，求职者就需要理解 HR 的关注点，并有针对性地做好准备。

1. 空窗期：如何解释职业空白

HR 对求职者空窗期的关注，更多地在于其当前的状态，以及是否能够重新适应职场。求职者需要在简历中清晰地说明出现空窗期的原因，并强调自己始终保持着学习的态度和具备适应职场的能力。

在简历中描述空窗期时，求职者可以根据空窗期的长短和时间位置采取不同的策略。

（1）早期空窗期

如果空窗期发生在职业生涯早期，如求职者已经工作十年以上，而在刚毕业一两年时有短暂休息，可以适当合并这段经历。因为背景调查通常会更关注最近两三份工作，不会太涉及八九年前的经历。因此，求职者可以简化早期空窗期的描述。

（2）近期空窗期

如果是最近的空窗期，如7月离职，9月还在找工作，建议求职者先写"在职"。这样可以增加获得面试机会的可能性。在面试时，求职者要主动向面试官坦白离职情况，例如，"我投递简历时仍在职，但最近已经离职，这段时间我……"

这样既能避免面试官对空窗期的误解，又能展现求职者的诚信。

如果求职者7月离职，12月还在找工作，就不能再写"在职"了。求职者应如实说明这段时间从事的与目标职位相关的活动及收获，表现出自己在空窗期依然保持积极进取的态度，例如，"离职后，我参与了创业项目，并担任志愿者，积累了丰富的项目管理和团队协作经验。"

（3）特殊空窗期

比较常见的特殊空窗期以下有两种情况。

特殊空窗期的两种情况

第一种情况：行业整体变化导致的空窗期。例如，教育培训行业的政策调整导致很多培训师失业，求职者应如实说明这段时间的具体情况，同时补充说明自己在空窗期间的自我提升或相关活动。

第二种情况：中间不足两个月的短暂空窗期。例如，求职者在跳槽时空了一个多月，不需要把这段经历合并处理，履历上空两个月也没有关系，如实填写即可。

此外，创业失败的求职者可以大胆地把这段经历写到简历中，尤其要总结一下自己在这段经历中的收获，尽可能呈现自己能够给目标公司（行业）带来的价值，如在创业过程中收获的经验和教训，很可能就是目标公司需要的经验。

【演练】

请按照"去做什么了＋已经准备就绪"的公式总结你的空窗期。

1～2个月（根据客观原因说明）	去做什么了： 已经准备就绪：
3～6个月（重点说明学习和收获）	去做什么了： 已经准备就绪：
6个月或更长期的空窗期（坦诚说明情况）	去做什么去了： 已经准备就绪：

2. 频繁跳槽：如何化解频繁换工作的疑虑

对于频繁跳槽的求职者，HR 关注的是他们的稳定性，更看重他们的基本能力和在新公司是否能稳定工作。因此，求职者需要在简历中突出自己的核心能力和稳定性，说明自己在过往工作中的成长和贡献。对于财务、法务等敏感职位，求职者应在简历中适度说明跳槽原因，要多强调客观原因而非主观原因。

如果频繁跳槽的情况发生在职业生涯早期，求职者可以通过适当合并的方式减弱简历中的跳跃感。合并工作经历时，求职者要突出几份工作的通用需求，如销售职位可强调资源共用；同时保留知名公司的工作经历，增加简历被 HR 检索到的可能性。

需要强调的是，求职者可以适当合并工作经历，但不要掩盖事实。核心职位通常会有背景调查，HR 能够查出真实情况，一旦造假影响会非常恶劣。此外，学历、薪资等信息也不可造假。HR 可以通过学信网查询学历，入职前的背景调查也能轻易发现。如果求职者通过后续学习获得了更高学历，可以在简历中体现，但在面试时需如实补充第一学历的完整信息。HR 还可以通过银行流水和纳税证明查实薪资。因此，求职者在优化简历时一定不能造假。

3. 转行转岗：如何跨越职业边界

对于转行转岗的求职者，HR 关注的是他们的可迁移能力，即他们在之前工作中获得的能力能否在新行业或新职位上得到应用。求职者需要在简历中强调自己具备的通用技能，如沟通能力、项目管理能力或数据分析能力，并说明这些技能如何迁移到新的行业或职位上。

具体来说，转行转岗的求职者可以采取以下策略优化简历，如图 2-7 所示。

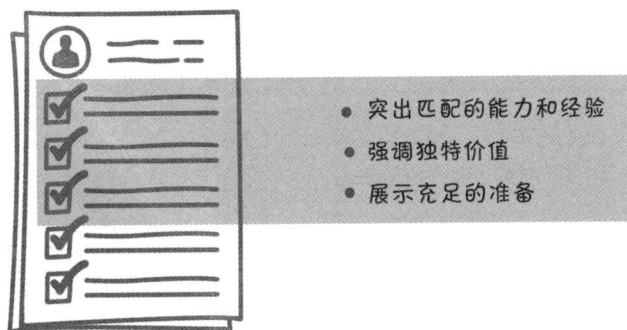

图 2-7 转行转岗的简历优化策略

（1）突出匹配的能力和经验

求职者可以在自我评价中突出自己过去工作中与新行业或新职位相匹配的能力和经验。

求职者擅长数据分析，即使行业不同，也可以强调自己具备数据分析能力，以及它与新职位的契合性；传统旅游行业的求职者应聘互联网旅游公司时，可以说明自己在传统行业的经验能够帮助新公司更好地了解一线情况。

（2）强调独特价值

求职者要找到自己能为新行业或新职位带来独特价值的方面。

求职者过去的工作很贴近终端客户，非常了解他们的需求，而新职位所在公司正在寻求这方面的人才，那么求职者就可以强调自己在这方面的优势。

（3）展示充足的准备

求职者还可以展示自己为转行转岗所做的准备。

　　求职者已经花费半年时间深入学习新行业或新职位的知识，并准备了专属材料，也就是针对目标行业、目标企业或目标职位准备的定制化材料。

【演练】

请按照"讲业绩＋讲迁移能力＋讲准备"的公式总结你转行转岗的情况。

讲业绩	
讲迁移能力	
讲准备	

五、投递策略：投简历的正确方式

　　如何投简历才能实现通过率翻倍？求职者可以采取如图2-8所示的三个策略。

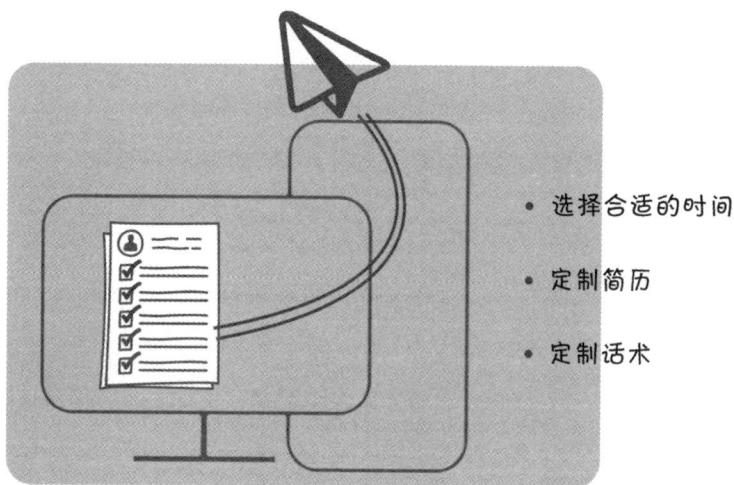

图 2-8　投简历的策略

1. 选择合适的时间

投简历的最佳时间是工作日 8：00 ～ 11：00 或 14：00 ～ 15：00。一般来说，HR 上班后会优先处理邮箱和招聘平台的信息，所以 8：00 ～ 11：00 投简历容易被 HR 看到；14：00 ～ 15：00 是 HR 午休后重新进入工作状态的时间段，会议较少，查看简历的概率也比较高。

求职者投简历时需要规避的高风险时段是"周五下午、晚上和周末"。周五下午临近周末，投递来的简历可能会被积压到下周再看。周五晚上一直到周末，属于 HR 的休息时间，不但容易被忽略，还容易被大量简历压在最下面。

如果是紧急招聘职位，建议求职者在职位发布后的 2 小时内投简历，此时 HR 的活跃度最高；如果是大型企业招聘，求职者尽量避开周一上午，选择周二至周四投简历，因为周一上午 HR 通常要参加例会，无法及时查看简历。

2. 定制简历

选择合适的时间只是影响简历查看率的因素之一，简历与职位的匹配度才是提升简历查看率的核心因素。因此，求职者应根据目标职位的要求，针对不同企业准备不同版本的简历，重点突出与目标职位匹配的项目经历和个人优势。

表 2-3 为针对不同性质企业定制简历的策略。

表 2-3　针对不同性质企业定制简历的策略

企业类型	简历侧重点	注意事项
国有企业	稳定性、团队协作、大型项目经验	优化频繁跳槽部分的表达
外资企业	国际化视野、英语沟通能力、创新案例	同步准备英文版简历
互联网企业	数据驱动、技术深度、迭代速度	使用干练的表达方式，避免冗长的描述
初创企业	多面手能力、从 0 到 1 的经验	展示自己的多方面技能，避免只展示单一技能

求职者如果感觉无从下手，也可以使用 AI 工具辅助生成定制化简历：首先，使用 AI 工具分析 JD，提取关键词，根据职位需求优化简历内容；其次，利用 STAR 法则、数据量化、专业术语等优化简历的表达方式，增强简历的说服力。

提示词示例：

"我现在要申请 ×× 企业的［职位名称］，以下是招聘要求：［粘贴 JD 内容］请帮我优化以下工作经历，使其更匹配该职位，并利用 STAR 法则和数据量化：［你的原始简历内容］。"

3. 定制话术

许多求职者在投简历时会使用平台的打招呼模板，导致 HR 难以发现亮点。求职者应根据目标企业的要求，精心准备开场白，表示自己的确认真研究过这家企业，而不是海投。例如，"您好，我是 ×××，有 10 年产品经理工作经验，过往两份工作经历与贵公司需求高度匹配，希望您查看我的简历。"这种定制的话术更容易吸引 HR 的注意。这里需要注意的是，HR 在招聘端往往只能看到前 13—15 个字，所以求职者在写简历时一定要第一时间突出自身优势，以及与目标职位的匹配度。

定制话术的技巧

错误示范

系统模板： 我对这个职位很感兴趣，希望您能看看我的简历，谢谢！

固定群发： 看到您新发布的职位，觉得我非常匹配，想和您聊聊。

正确示范

定制公式： 一句话自我介绍 + 经历和职位的匹配点 + 对企业的高意愿度

话术参考： 您好，我有 6 年运营工作经验，3 年社区类 App 运营工作经验。我有近 1 年的自主创业经验，专注于社区类 App 的内容搭建和职场类达人运营。此外，我拥有 6 年的新媒体运营经验、4 年的团队管理经验，曾任百万级职场类公众号主编，创作过 10 万 + 阅读量的文章，还运营过千万级达人账号。希望有机会进一步沟通。

当 HR 回复后，求职者应主动提出交换联系方式，并及时发送简历。

在发送简历的同时，求职者要发送定制的自我介绍，而不是一句话都不说。

"您好，很高兴收到您的回复。简历已发送。我一直是贵公司产品的忠实用户，并在过往工作中有幸与咱们团队合作过 ××× 项目，非常欣赏贵公司团队的专业度和工作方式。之前我在 ×× 领域的头部公众号"××"担任主编，带领团队创作出多篇 10 万＋的爆款文章。此外，我最近一份工作是在创业项目中负责社区类 App 的内容搭建和创作者引入。十分期待有机会获得面试机会，与您进一步沟通。"

如果收到 HR 的回复，求职者应主动推进面试进程。

"您好，如果您觉得我的简历合适，能否安排一个电话沟通，或者提供一次线下面试的机会呢？期待与您进一步交流。"

许多求职者因为过于被动而失去机会，其实主动表达对目标企业的应聘意向和职位匹配点，就能更好地掌握主动权。

六、实操：如何对照 JD 写出一份好简历

JD 可以帮助求职者明确岗位的职责、要求及任职条件。因此，对照 JD 写简历是确保求职者的简历内容与目标职位相匹配的有效方法，尤其适合没有工作经验的应届生。

对照 JD 写简历的步骤如图 2-9 所示。

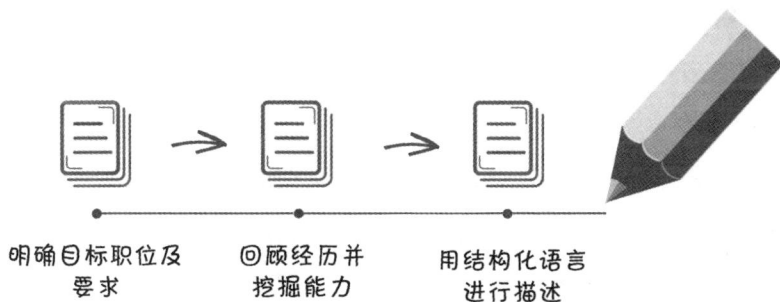

图 2-9　对照 JD 写简历的步骤

1. 明确目标职位及要求

求职者要先确定目标职位，并深入了解岗位职责、能力要求及任职条件。例如，销售岗位通常要求员工具备沟通表达能力、服务意识和结果导向能力；而运营岗位则更注重员工的数据敏感度和协同能力。

具体来说，求职者可以在招聘 App 上搜索同职位的招聘信息，从中筛选 3～5 家同类企业的 JD，拆解岗位职责、能力要求及任职条件，制作对比表格，然后圈出高频出现的关键词。

接下来，求职者还要甄别职位要求中的"真实需求"和"理想需求"。真实需求属于必须项，通常会使用"熟练掌握、必须持有"等表述；理想需求属于期望项，通常会使用"优先考虑、加分项"等表述。

求职者需根据个人情况进行判断，如果职位要求的必须项缺失，应谨慎投递简历，因为成功的可能性较小；如果仅是期望项有缺失，且缺失比例不超过 40%，则可以尝试投递简历。

2. 回顾经历并挖掘能力

求职者需围绕目标职位的能力要求，回顾自己过往的工作和学习经历，如项目经历、科研经历、社团活动、校外实践、兼职或志愿者项目等，这些都可以成为展示自身能力的宝贵素材。

求职者对照 JD 筛选和目标职位相匹配的经历，也就是价值事件，然后根据能力要求挖掘经历背后关联的能力，如数据分析能力、团队协作能力、方案汇报能力等。

AI 工具在分析个人经历并发现隐藏关联方面具有强大的能力，因此求职者可以按照以下步骤使用 AI 工具挖掘经历背后关联的能力。

（1）第一步，提取能力关键词

提示词示例：

"请从以下经历中提取与职业能力相关的关键词：［具体经历内容］。"

（2）第二步，匹配目标职位能力

提示词示例：

"请分析以下经历中与［目标职位］相关的能力：［具体经历内容］。"

（3）第三步，生成能力描述

提示词示例：

"请根据以下经历，生成一段描述其中体现的能力：［具体经历内容］。"

如果求职者已经明确职位要求的核心能力，如数据分析能力、团队协作能力、项目管理能力、沟通能力等，也可以使用AI工具提取经历中和某项特定能力相关的内容，并生成能力描述。

提示词示例：

"请从以下经历中提取与××能力相关的内容，并生成一段描述：[具体经历内容]。"

3. 用结构化语言进行描述

AI工具可以在提取能力的同时生成描述，但AI工具生成的结果仅可作为参考，求职者还需要用结构化语言进一步优化，明确自己的角色分工、量化行为和成果。

例如，应聘销售职位时，求职者可以这样描述一个志愿者项目的经历。

"在某志愿者项目中，我负责团队招募和组建工作，通过张贴海报和联系学校学生会，成功招募了15名项目成员。此外，我还负责项目的外联工作，带领团队拨打100个陌生电话，联系到当地十余家企业，为项目筹措了10万元专项基金和大量文具。通过学长引荐，我在当地的广播电视台进行项目宣传，帮助超过300名留守儿童获得学习经费，该项目也获得了学校的表彰。"

这段经历展示了求职者的写作能力、资源整合能力和结果导向能力，与销售职位的能力要求高度匹配。

通过以上步骤，即使是缺乏工作经验的应届生，也能在简历中清晰呈现自己的能力和潜力，提升求职竞争力。

最后，求职者要注意：一定不要等到找工作时才想起写简历！一个成熟的职场人应定期总结和更新简历。每半年或一年更新一次简历，既能梳理过往工作中的价值事件，又能将这些经历及时纳入简历中。此外，更新简历还能帮助求职者了解市场动态，保持与行业高手的对标意识。因此，求职者应将写简历视为深刻理解自身职业生涯的重要过程。

投递 100 份简历，
不如精准投递 10 份。

空窗期、频繁跳槽、转行转岗

或许在别人眼里

是简历中的"疤痕"，

但只要你能找到

属于它的"闪光故事"，

或许能助你开启

新的篇章。

第三章

全面备战：面试前的周密准备

　　做好充分准备是面试成功的基础。本章将带领求职者进入"全面备战"模式，在面试前做好全方位的准备工作，以从容自信的姿态迎接面试。

一、面试高手的 5 个特质

真正会面试的人通常具备 5 个特质，如图 3-1 所示。这 5 个特质使他们能够从众多求职者中脱颖而出，顺利拿到 offer。

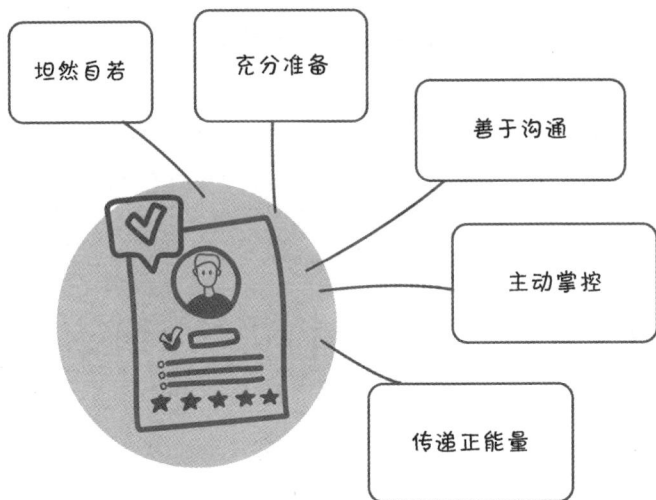

坦然自若　充分准备　善于沟通　主动掌控　传递正能量

图 3-1　面试高手的 5 个特质

1. 坦然自若

面试高手会将面试视为一次双向交流的机会，而非单方面的考核。即便在对话中面试高手已经意识到彼此不合适，也依然保持坦然的心态。

林嘉是一位拥有 10 年投资经验的资深人士。在面试一家网络安全公司的投资总监职位时，面对"如何看待不同行业的投资"这个问题，她坦率回应："贵公司偏向战略投资，而我以往的多数经历在财务投资领域。如果公司希望完全延续原有思路，我可能不是最适合的人选。但我的复合背景也许能为贵公司在战略投资方面带来新思路。"这番话不仅体现了她的坦诚，也赢得了对方的尊重。招聘方刚好希望拓展财务投资方向，双方一拍即合。

2. 充分准备

面试高手尊重自己的时间，也尊重面试的机会。因此他们会提前了解企业和业务，确保在与面试官交流时不至于一无所知。

林嘉在面试前做了三项准备工作：

第一，了解公司三年内的业绩、产品和口碑；

第二，梳理主要竞争对手的布局与对比分析；

第三，准备了一份行业趋势与市场分析报告。

当被问到"你之前的项目与网络安全并不直接相关"时，她不仅以TMT（科技、媒体、通信）行业的共性做了逻辑铺垫，还适时展示了准备好的行业研究报告，立刻让面试官眼前一亮。

3. 善于沟通

面试高手往往能清晰、有条理地表述自己的工作经历和项目经验，做到详略得当、逻辑清晰。更重要的是，他们能够敏锐地捕捉到面试官的兴趣点，使整场面试变成一次高质量的互动。

林嘉用"背景-行动-结果（BAR）"的结构讲述项目成果，数据翔实、语言简练。同时，她注意到面试官是HR，在讲到专业术语时会主动解释，甚至用形象的比喻让对方快速理解。例如，她将"并购投资"比喻成"租房选址"，用通俗易懂的语言降低理解门槛，让整场交流既轻松又高效。

这种沟通能力不仅让她讲述的内容更有说服力，也赢得了面试官的好感。

4. 主动掌控

面试高手不只是被动地回答问题，而是会主动引导对话，适时提出自己的见解，甚至主动发起话题。面试结束后，他们也会有意识地跟进后续进程，而不是一味等待通知。

在面试中段，林嘉主动提出："目前团队在终端检测领域的投资逻辑是什么？"这个问题迅速提升了对话高度，她顺势分享了自己对该领域的见解，让原本的"问答"对话升级为"专业交流"。

面试临近结束时，她主动询问HR："您是怎么加入这家公司的？"这种反客为主式的交流拉近了面试双方的距离。

离开公司后，林嘉立刻给 HR 发来感谢短信，并附上刚刚提到的行业报告，表现出了极高的职业素养与主动性。

5. 传递正能量

在面试过程中，面试高手谈及过往经历时，不抱怨、不指责，而是客观看待挑战与失败，关注未来的发展。

在被问到"有没有失败的投资经历"时，林嘉回应："某次我低估了政策风险，项目回撤了 20%。但我从中吸取教训，建立了更系统的风险评估框架。"

她没有推责，也没有沉溺于过往，而是将焦点放在成长和解决方案上。这种成熟、理性的表达，让人自然产生了信任感。

回顾林嘉的表现，我们不难发现：真正的面试高手，不只是"回答问题的人"，而是"推动对话的人"。他们用准备展现尊重，用沟通赢得信任，用主动争取机会，用正能量打动人心。每一位求职者，只要有意识地提升以上 5 个特质，也有可能成为下一位面试中的"林嘉"。

二、场景预演：不同面试场景的准备

不同形式的面试，对求职者的要求各不相同。线上沟通讲究表现力和技术保障，线下一对一面试更看重交流深度与个性契合，群面则全面考察协作与策略。

求职者要"预演"不同场景，并精心准备，只有这样才能临场不慌、稳定发挥。

1. 线上面试：远程沟通的技巧

随着招聘流程的线上化，筛选环节采取线上面试的形式已成为常态。看似轻松、便捷的形式背后，其实对求职者的技术熟练度、表达清晰度及情绪掌控能力都提出了更高的要求。求职者在镜头前的语气、表情、语速甚至停顿，都会被无限放大。求职者能否在短时间内获得信任、展现专业素养，是决定线上面试成败的关键。

（1）提前测试设备与环境，做好技术准备

面试开始前，求职者务必确认网络连接稳定、摄像头清晰、麦克风音质良好，避免因卡顿、杂音或画面模糊而影响交流质量。同时，提前下载并熟悉企业指定的会议软件，如 Zoom、Teams、腾讯会议等。

设备操作建议

准备两套设备： 如计算机＋手机，并在手机上装好会议软件作为备用。

提前模拟： 提前一天做一次模拟连线，检查音视频、网速与背景设置。

避免干扰： 关闭所有非必要程序，避免弹窗或通知干扰。有宠物或小孩的家庭，建议提前协调时间。

（2）布置光线和背景，营造专业形象

镜头前的求职者是面试官对求职者的第一视觉印象。良好的光线与背景布置，不仅可以提升专业度，也有助于传递清晰、友好的非语言信号。

场景布置建议

光线布置： 光线应从正面照射，推荐自然光或环形灯，避免背光"黑脸"。

背景布置： 背景以浅色、无杂物为宜。有条件的求职者可使用会议平台的虚拟背景或 AI 背景模糊功能。

（3）练习"看镜头说话"，建立眼神连接感

尽管是远程交流，但求职者眼神对镜头的聚焦能有效模拟线下面试的眼神交流，增强面试官的"被关注感"。

镜头练习实用技巧

固定摄像头： 将摄像头固定在屏幕上方，便于求职者自然地看向镜头。

借助工具： 可在镜头附近贴上小贴纸或箭头，协助保持视线一致。

避免视线干扰： 回答问题时尽量避免频繁查看自己画面或浏览其他窗口。

（4）语速适中，逻辑清晰

线上交流更考验求职者表达的结构性和条理性。语速过快或跳跃思维，都会影响面试官对内容的理解。

表达的实用句式

"我从三个角度来回答这个问题……"

"以上是我对这个问题的第一层理解，接下来是第二层……"

"总结一下我的观点是……"

（5）准备"提词卡"，但不要念稿

线上面试的隐藏优势之一是可以在视线之外放置"提词卡"，帮助求职者厘清思路，但绝不能照稿念，否则容易显得生硬、不自然。

建议做法

贴"关键词"：利用便利贴或屏幕贴边方式列出关键词、时间线或案例名。

借助思维导图：推荐使用思维导图或大纲工具梳理常见问题要点。

反复练习：面试前练习 2～3 遍，使语言表达更加顺畅自然。

（6）全身着装得体

即便线上面试只拍摄上半身，也建议求职者穿戴整齐。避免因临时站起或突发状况"暴露下半身穿着"，影响专业形象。

线上面试的穿衣建议

根据行业调性选择：金融类建议正装，互联网 / 创意类可偏休闲风格但需整洁。同时，建议穿"职场全套"服装，避免临场出镜发生意外。

颜色选择：着装颜色选择以沉稳中性色为主，避免颜色花哨干扰面试官的注意力。

在正式面试前，求职者可以利用 AI 工具模拟面试场景，不仅可以提前发现问题，还能打磨表达内容和逻辑结构，从而在真正面试时做到沉着自信。

提示词示例：

请模拟线上面试官，针对我的简历提出五个问题，并评估我回答的逻辑性与表达顺畅程度。

能在线上面试中脱颖而出的，往往不是"设备最好"的人，而是那个"最懂得如何在线上传递专业能力"的人。

2. 线下一对一面试：两个人的深度交流

相比线上，线下一对一面试更具备真实感与互动性。面试官不仅可以通过语言判断求职者是否胜任岗位，更会从非语言信息中评估求职者的气场、稳定性与职业素养，如语气、眼神、肢体动作及情绪管理能力。

（1）准备关键故事

在线下面试中，面试官往往会围绕简历中的重点经历进行不断追问，考察求职者的真实贡献、思维方式与行为逻辑。求职者准备几个经得起深挖的问题、能体现成长轨迹的"核心故事库"，是提高面试表达质量的关键。

准备关键故事的实用做法

梳理经历：提前梳理 3 ～ 5 段代表性经历，结合 STAR 法则展开。

展开细节：针对每个故事，预设 2 ～ 3 个"可能被追问"的细节。

深挖深度：补充对项目的反思与成长，提升内容深度与说服力。

在这个环节，求职者可以使用 AI 工具帮助自己从经历中提炼亮点并打磨。

提示词示例：

"请根据以下经历，生成一个一分钟的面试故事，突出我的问题解决能力；这个项目经历可能会从哪些角度被追问？请模拟三个可能被提到的问题。"

（2）练习开场语

线下面试的前几分钟极为关键，面试官对求职者的第一印象，将影响整场对话的基调。求职者的自我介绍应做到信息密度高，同时表现得自然亲和。

练习开场语的实用做法

提前准备不同版本的自我介绍：如 30 秒简版、1 分钟标准版、2 分钟深度版。

用 3 个关键词定位自己：如"跨部门协作、数据敏感、执行力强"。

使用"情境化表达"：通过最近项目或真实成果让介绍更有温度。

本章第五节将详细拆解自我介绍的表达结构，供求职者进一步学习和打磨。

（3）提高提问质量

在一对一面试中，求职者的"反问"不只是了解岗位情况，更是展示个人的逻辑、判断与对工作的理解力的机会。一个有深度的问题，往往比一个完美的答案更能打动人。

提高提问质量的实用做法

准备问题：求职者应准备 3 ～ 5 个聚焦岗位挑战、团队合作、成长路径的问题，避免只问福利类问题。

提出问题：求职者可以结合自己的过往经验提出问题，如"我在协调多部门项目时，进度管理是工作挑战之一，贵团队目前是如何应对类似场景的呢？"

在这个环节，求职者可以利用 AI 工具生成针对性提问清单。

提示词示例：

"请根据这个 JD，帮我设计五个高质量的面试反问问题，目标是判断团队合作风格与文化氛围。"

（4）建立"非语言信任感"

线下交流不仅"听你怎么说"，更要"看你怎么表现"。求职者的坐姿、语速、眼神、停顿与表情，都可以影响评估结果。

建立"非语言信任感"的实用做法

模拟面试：录制模拟面试视频，观察自己是否存在过多小动作、语塞或

（续）

> 说话急促等问题。
>
> **调整状态：** 学习"深呼吸＋聚焦眼神"的状态切换方法，快速进入稳定状态。
>
> **建立信任：** 有意识地控制节奏和语调，用适当停顿与表情建立信任感。

在这个环节，求职者可以使用 AI 视频教练或面试模拟器进行肢体语调反馈。

提示词示例：

"请根据我上传的视频，评价我的肢体语言是否得体，语速语调是否自然。"（配合 AI 口语打分系统使用）

（5）现场细节准备

线下面试更具"场景真实感"，求职者的到场状态、随身物品乃至整体形象，都会在无形中影响面试结果。

> **面试当日的准备清单**
>
> **A4 大小的纸质简历：** 两份，确保面试官和求职者都有纸质参照。
>
> **项目作品集：** 尤其适用于应聘产品、设计、数据分析类岗位的求职者。
>
> **笔记本与签字笔：** 便于记录或进行互动演示。
>
> **基本仪容整理工具：** 口香糖、纸巾、吸油纸等。

面对面的交流是一场"从细节见人"的测试。从语气神态到思维逻辑，每一点都隐藏着面试官判断求职者能力的线索。**比起说得漂亮，真正打动面试官的，是求职者在真实互动中传递出的判断力、情绪稳定性与专业底色。**能撑住现场的人，往往更容易赢得机会。

3. 线下群面：团队协作的考验

群面是企业用来评估求职者职场适配度的一场高压面试。求职者不仅要能表达自己的观点，更要体现出合作能力和边界感。真正的难点，不在于求职者说得多，而在于能否在合适的时机做出高质量、具有建设性的贡献。很多求职者败在

"急于抢话"或"全程沉默"的两个极端之间。

（1）先定位，再发声

群面刚开始时求职者作的 30 秒自我介绍很关键。它既要简洁清晰，也要让面试官迅速理解求职者能为团队带来什么。例如，"我在大学时期多次组织跨专业团队项目，擅长时间管理与逻辑整合。"

这种表述既有内容密度，也能有效传达求职者的协作价值。

随后，求职者可以根据现场讨论节奏灵活切入，扮演适合的角色，而非盲目争抢"C 位"。

群面中常见的角色类型

组织者：推动流程，控制时间。

推动者：推动话题进展，活跃讨论。

总结者：提炼共识，清晰表达。

分析者：数据导向，深入分析。

与其争当主导者，不如根据讨论进展判断角色空缺，有策略地补位。在关键节点发声、适时转换角色，反而更容易引起面试官的注意并得到认可。

（2）高效表达，合作共赢

群面不是"你说得多就赢"，而是"谁能促成团队达成共识"。表达观点时要讲逻辑、讲结构，求职者可以采用"因果＋建议"的方式组织语言，例如，"由于用户增长停滞，我们可以优化市场投放策略，优先尝试低成本触达渠道。"

协作感的建立同样重要。不轻易打断别人，适当引用他人观点来推进话题，用简洁语言串联讨论，是求职者展现成熟度的有效方式。

在总结环节，如果求职者能清晰回顾全程、凝练要点并提出合理建议，将大大提升面试官对其的综合印象分。

为了更高效地应对线下群面，求职者可以借助 AI 工具帮自己构建完整的群面训练场景。

提示词示例：

"请为我设计一个关于数字化转型的群面讨论题，并提供三种不同候选人视角下的发言内容。"

利用 AI 工具模拟不同场景，求职者可以迅速突破语言障碍，积累"场感"。

群面的底层逻辑不是竞争，而是协作。真正脱颖而出的，往往不是说得最多的人，而是那个最懂得"何时发声、如何协作"的人。

三、强准备术：一张表格缓解面试焦虑

准备得越充分，面试的信心就越足，成功的把握也就越大。虽然很多求职者都知道面试准备很重要，但他们并不清楚具体该如何着手。其实，一张简单的"面试前准备表"就能帮助求职者厘清思路，高效完成各项准备工作。

1. 面试前准备表：心中有数

"面试前准备表"（如表 3-1 所示）旨在帮助求职者梳理自己的个人情况、企业的业务方向、职位核心需求以及可能遇到的面试问题。同时，通过填写这张表格，求职者可以识别自身的短板，并针对这些薄弱环节学习相关课程，弥补不足，提升技能。

表 3-1 面试前准备表

类别	具体内容
基本信息	姓名：
	应聘职位：
	目标企业：
职位分析	匹配度和优势（可参考职位描述）：
	个人差距（可参考职位描述及 HR 反馈）：
	职位吸引点（该职位会给你带来什么）：
	职位顾虑点（该职位不能满足你哪些需求）：
	预估薪资（参考职位描述、市场行情、HR 反馈等）：
	办公地点（通勤是否便利）：
	其他信息（职位是否新增、招聘时长、竞争者情况等）：

（续表）

类别	具体内容
企业分析	企业概况（一句话介绍公司）：
	行业地位：
	主要产品或服务：
	市场竞品分析：
	人员规模：
	组织架构及部门设置：
	高管团队及直属领导：
整体评估	预估面试流程（面试轮次、形式、测评安排等）：
	了解本次面试官（职位、背景、风格）：
	个人期待与顾虑：
附件	职位描述等相关资料

（1）基本信息

基本信息通常包括姓名、应聘职位和目标企业。如果是应届生，建议写上更详细的个人信息，如毕业院校、所学专业、学历、毕业时间等。

（2）职位分析

在正式分析职位前，求职者需要明确一个核心原则：面试的本质是双方匹配的过程。只有深入理解职位要求，并清晰认知自身的优势与不足，求职者才能在面试中有针对性地展现自己的竞争力。

①匹配度和优势

求职者应对照职位描述，评估自身符合的部分，并记录具体优势。例如，某职位要求具备五项核心技能，而求职者满足其中三项，并对另外两项拥有 70% 左右的匹配度。求职者可在表格中列出："我具备 ×× 职位要求的 ××、××、×× 技能，×× 和 ×× 技能的匹配度为 70%。"

这样在面试时，求职者就能有针对性地突出自己的优势了。

②个人差距

求职者通常可以通过以下渠道了解自己的差距。

了解个人差距的渠道

职位描述。职位描述中的某些要求可能是求职者的短板。例如，某职位要求应聘者有上市企业的工作经验，而求职者的工作经历都来自未上市企业，这就属于个人差距。

HR 反馈。例如，在与 HR 沟通的过程中，HR 强调他们团队有一些拥有海外工作经验的人，因为他们想研发一些主打海外市场的产品。如果求职者缺乏相关背景，就应该将其记录到"个人差距"中。

猎头反馈。例如，在与猎头沟通的时候，猎头反馈之前曾推荐两位求职者面试，但是都失败了，因为他们缺乏××能力。如果求职者也不具备该能力，这就是个人差距，也要记录下来。

记录个人差距不仅可以帮助求职者了解自己的短板，还可以提前思考如何弥补短板或应对这些短板。

③职位吸引点

职位吸引点是指该职位对求职者的吸引力，或者说该职位能为求职者带来什么。

这个职位的工作内容比较复杂，能够锻炼能力；该企业在行业内知名度较高，有助于提升自己的职业背景；办公地点离家近，通勤更便利；该职位能提供更具有挑战性的任务，有利于职业发展等。

求职者应把职位吸引点都写下来，并与自己的求职目标进行对比，评估该职位是否符合自己当初定下的目标。

④职位顾虑点

职位顾虑点是指该职位不符合自己预期的地方。

该职位需要频繁出差，可能影响家庭生活；公司的团队管理层刚进行调整，可能存在不稳定性；公司要求周六加班，可能会影响个人时间安排。

提前把自己的顾虑点列出来，便于求职者在面试时与面试官进一步确认，帮助自己做出更理性的判断。

⑤预估薪资

求职者可以通过以下几种方式了解薪资水平：一是职位描述中的薪资范畴；

二是通过引荐人或 HR 了解薪资范围；三是猎头提供的市场行情。求职者要记录了解到的信息，然后预估薪资，以便后续进行薪酬谈判时有更明确的参考。

⑥办公地点

通勤因素不容忽视，求职者应确认办公地点是否便捷。此外，一些企业在同一城市有多个办公地点，因此，求职者需提前确认最终办公位置，避免因地点问题影响入职后的工作体验。

⑦其他信息

其他信息通常包括该职位是新增的还是替补。如果是替补，前任离职的原因是什么；该职位招聘了多久，长时间未招到人的职位可能存在某些问题；是否已有其他求职者进入最终面试环节，等等。这些信息有助于求职者更精准地评估自身的竞争力，并制定更有针对性的面试策略。

（3）企业分析

在选择一家企业时，求职者不仅是在寻找一份工作，更是在规划自己的职业发展。因此，全面的企业分析至关重要。通过了解企业的行业地位、核心业务、市场竞争力及企业文化，求职者可以判断这里是否适合自己长期发展。此外，掌握组织架构及管理层信息，有助于求职者在面试中做出更精准的表述，提高职位匹配度，增加面试成功的可能性。

①企业概况

求职者可以通过企查查、天眼查、企业官网、自媒体等渠道获取企业的相关信息，并总结成一句话。例如，"这是一家专注于跨境电商的企业，成立五年，主要面向欧美市场，近期完成 B 轮融资。"

这种简洁的介绍不仅有助于求职者更好地了解企业，也便于在面试中回答关于企业了解程度的问题。

一些求职者会疑惑："我应聘的企业规模较大、业务广泛，如何用一句话介绍它呢？"其实，任何企业都有主营业务，换句话说，就是它赖以生存的核心业务。只抓住这一点进行描述即可。

②行业地位

求职者应了解企业在行业中的排名，是属于行业领先者还是新兴企业。这些信息有助于求职者判断企业的市场竞争力、稳定性和未来发展潜力。

③主要产品或服务

如果可能，求职者可以亲自体验一下企业的产品或服务，以便在面试中提出更有说服力的见解。

申请玩具企业的职位时，求职者可以先购买该品牌的玩具进行体验。如果无法直接体验产品或服务，求职者可以参考用户评价，或通过企业客户、社交平台等渠道了解市场反馈，以此评估该企业产品或服务的市场竞争力。

④市场竞品分析

求职者需要分析目标企业的竞争对手，了解市场格局。例如，企业是否面临强劲的竞争对手？竞争对手的优势与不足分别是什么？它们主要依靠哪些产品或服务抢占市场？了解这些信息有助于求职者在面试沟通中展现更专业的视角。

⑤人员规模

企业的人员规模在一定程度上决定了组织文化和职业发展机会。因此，求职者应提前了解目标企业的人员规模，判断自己即将加入的是小型企业、中型企业还是大型企业。

通常，求职者可以通过企查查、天眼查等网站查看企业的社保缴纳人数。此外，还可以参考企业的招聘信息，了解企业规模。但是，招聘人数多并不一定代表企业规模大。例如，企业大量招聘销售、客服等职位，可能说明其业务模式是销售驱动或服务驱动，而非产品或技术驱动，但并不能说明企业规模大。这类企业往往毛利率较低，意味着薪酬待遇和职业发展空间可能较为有限。

⑥组织架构及部门设置

求职者应尽可能了解企业整体的组织架构，特别是自己未来所在部门的情况。求职者可以通过企业官网或社交平台进行调研。

求职者通过脉脉查询某企业销售部门的信息，可能会发现其在不同城市均设有销售总监，从而推测该企业在多个区域都设有销售办公室。

此外，求职者还可以通过查看该企业的招聘职位分布，大致勾勒出企业的组织架构。

⑦高管团队及直属领导

求职者可以通过企业官网、脉脉等平台查询目标企业的高管团队背景，了解他们的职业经历，是否有成功的创业或管理经验。尤其是直属领导，了解他们的管理风格有助于求职者更好地适应工作环境。

（4）整体评估

面试不仅是展示个人能力的机会，也是对求职者临场应变能力和沟通技巧的考验。提前了解面试流程有助于求职者合理安排准备时间，熟悉各个环节的重点，提升应对不同面试官的能力。

①预估面试流程

求职者可以通过与HR的首次电话沟通了解面试流程的相关信息，主要包括需要进行几轮面试、是否有笔试或测试，以及是线上面试还是线下面试。

了解的信息越具体，越有利于求职者提前做好应对准备。

②了解本次面试官

求职者应尽可能了解面试官的职位、背景和风格，以便在面试中做出更有针对性的应对。例如，如果面试官是业务负责人，其可能会更关注求职者的实际工作能力；如果面试官是HR，其可能更看重求职者的文化契合度和个人潜力。

求职者可以通过HR获取面试官的信息。例如，求职者可以礼貌询问："明天面试我的是这个职位的直接领导吗？"如果HR确认，求职者可以进一步询问："请问他姓什么？"如果HR态度友好，求职者还可以尝试了解领导的全名。

我曾经辅导过一位求职者，他计划从一家世界500强企业跳槽到一家外资企业。在最后一轮面试中，他了解到面试官是一位法籍高管，面试官在美国总部通过远程线上的形式与求职者进行交流。为了帮助他更好地准备面试，我们事先收集了一些关于这位面试官的信息，包括他曾经在英国留学。基于这些信息，我们制定了两个关键策略。

第一个策略：语言准备。面试方式是线上，视频接通后，求职者主动用法语向面试官进行问候。我们可以想象，在异国他乡工作的面试官听到一位中国求职者用法语打招呼，一定会感受到对方的诚意和用心。这样的细节不仅能拉近彼此的距离，也能展现求职者的适应能力和对面试的重视。

第二个策略：共同经历。在自我介绍环节，求职者主动提到了自己在英国的留学经历。因为面试官也有相似的经历，所以这个话题成功激发了对方的共鸣，使两人迅速建立联系，面试得到了顺利推进。

面试结束后，这位求职者成功地加入了这家外资企业。当然，这个面试的成功不仅是因为上述两个策略，但可以肯定的是，这些小亮点帮助面试官加深了对求职者的良好印象。

面试的结果往往不仅依赖于客观因素，还受到主观印象的影响。因此，求职者在面试前可以根据自己对面试官的了解，设计一些可以互动的话题，加深对方的好感和印象。

③个人期待与顾虑

在完成一系列调查后，求职者可以写一份简单的自我评估，记录自己对即将到来的面试的期待和顾虑。这将帮助求职者在面试前厘清思路，明确准备重点，使面试前的准备更有针对性和更高效。

（5）附件

附件通常是职位描述及相关资料。如果是电子版，求职者可以将相关文件一并存储；如果是纸质版，求职者可以打印出来，并与面试前的准备资料装订在一起，方便查阅。

这样一来，一份完整的"面试前准备表"就整理完成了。这张表不仅能够帮助求职者进行系统化准备，还能在面试前快速回顾关键信息，提升自己的面试表现。

在制作和使用"面试前准备表"的过程中，求职者还可以借助 AI 工具提升面试准备效率和质量。例如，使用 AI 简历分析工具，自动对照职位描述，评估简历与岗位的匹配度，帮助求职者识别没有被注意到的差距；通过 AI 对话助手模拟面试问答，求职者可以提前练习并优化自己的回答；一些 AI 平台还能根据职位关键词推荐相关的技能提升课程，帮助求职者有针对性地补齐短板。

2. 四招克服面试紧张

多数求职者在面试时都会感到紧张，产生这种情绪是正常的。但是，过度紧张可能会影响发挥，甚至会导致表达不清、回答失误。因此，求职者在面试前应做好心理准备，并通过图 3-2 所示的四招来缓解紧张情绪，以自信、从容的状态应对面试。

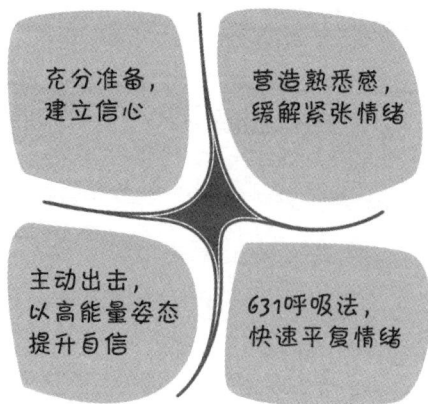

图 3-2　缓解面试紧张情绪的四招

（1）充分准备，建立信心

大多数的紧张情绪来源于人对未知的恐惧。如果求职者对面试内容不熟悉，对企业和职位不了解，自然会感到紧张和不安。因此，缓解面试紧张情绪最直接、最有效的方法就是充分准备。准备得越充分，求职者在面试时就会越自信，紧张情绪也会相应减少。

（2）营造熟悉感，缓解紧张情绪

人在陌生环境中容易产生焦虑感，熟悉的事物则能够带来安全感，帮助求职者稳定情绪。因此，在面试前，求职者可以将注意力转移到自己熟悉的事物上，从而减少紧张感。

那么，如何营造熟悉感呢？

我曾辅导过一位求职者，他在面试前非常紧张。为了缓解情绪，他特意穿上了一套自己称为"战衣"的服装。这套"战衣"是他在上一家公司面试时穿的衣服，并成功获得了入职机会。因此，当他再次穿上这套衣服时，就能够找回当时自信的状态，更从容地应对面试。

熟悉感不仅来自衣物，求职者还可以携带一些日常惯用的小物件，如笔记本、签字笔、润喉糖等，也可以在面试前做一些自己习惯的动作，如深呼吸、轻声自我鼓励、回忆过往成功的面试经历等。这些细节能在心理上营造安全感，使求职者更加专注于面试本身，发挥出最佳水平。

（3）631 呼吸法，快速平复情绪

当紧张情绪出现时，调节呼吸是有效的缓解方式。求职者可以尝试 631 呼吸法，帮助自己快速进入平静状态。

---

631 呼吸法的具体操作步骤

吸气 6 秒： 缓慢深吸气，同时在心里默数 1、2、3、4、5、6。

屏气 3 秒： 停止呼吸，默数 1、2、3。

呼气 1 秒： 快速将气体吐出。

（4）主动出击，以高能量姿态提升自信

在面试的过程中，如果求职者被动等待面试官提问，就可能会感到更加紧张。因此，主动出击是一个很好的策略。

例如，在面试开始时，求职者可以主动和面试官寒暄几句："今天路上有点堵，不知道您早上来的时候有没有遇到堵车？"

这样简单的开场白，能够帮助求职者缓解紧张的情绪，更快地进入状态。

此外，高能量姿态也是提升自信、缓解紧张的有效方法。面试前，求职者可以找一个私密的空间，如洗手间，做一些扩胸运动、深呼吸或伸展动作。这些动作可以帮助求职者提升精神状态，让自己更有能量和信心地面对面试。

3. 面试当天的细节准备

面试当天求职者需要做哪些准备呢？具体如图 3-3 所示。

图 3-3　面试当天的细节准备

（1）穿着与仪容：干净清爽，避免夸张

求职者适当的穿着与仪容可以给面试官留下良好的印象。一般来说，男生应穿着干净的衬衫或休闲商务装，并确保头发干净、清爽、整洁；女生可以选择简单大方的服饰，并化一个淡妆，让自己的精神更加饱满。

这里要特别提醒求职者，面试前一天要早点休息，保证充足的睡眠，以最佳状态迎接面试。好的面试状态能够让面试官感觉求职者元气满满，展现出"能立刻投入工作的活力感"。

（2）交通安排：提前规划，留足时间

很多人出行前估算时间都习惯于依赖手机导航，但实际路况可能和预估相差很大。例如，求职者前一天查询线路显示"30分钟可到达目的地"，但是面试当天遇到早高峰或恶劣天气，实际耗时可能会翻倍。所以，求职者应提前做好出行规划，留足时间。

建议求职者提前查询面试公司的所在地，尽量选择时间可控的交通工具，如地铁。如果选择打车，就要考虑高峰期可能堵车，要提前出门。总之，面试一定不要迟到。

当然，求职者也不要到太早。有一些求职者会说："我都已经等你们一小时了。"这种感觉会让面试官觉得好像自己不对，但是实际情况是，面试官是按照约定时间到的，是求职者来早了。所以，求职者可以提前一点到，但是不要先进入公司。

如果求职者提前一小时到了，那么可以在公司附近找一个咖啡厅休整一会儿，调整一下自己的状态。等离约定时间还有15分钟的时候再去公司。

（3）等待时间：整理仪表，观察环境

面试开始之前，通常还会有10～15分钟的等待时间。求职者可以利用这个时间做以下两件事。

①进入公司洗手间整理仪容仪表

进入公司后，建议求职者先去洗手间整理自己的仪容，调整穿着、检查妆容、梳理头发等。同时，求职者还可以通过观察洗手间的环境了解公司的文化氛围。

洗手间的环境、墙上贴的宣传海报、员工的谈话内容、保洁阿姨的工作态度等，都能反映出公司的文化氛围和管理风格。如果保洁阿姨和员工抱怨连天，就可以大致判断这家公司的团队氛围不和谐。

②复习公司资料和面试资料

如果求职者对公司的了解还不够充分，那么这 10～15 分钟的等待时间就是最后的复习机会。求职者可以快速浏览公司官网，回顾公司的业务、企业文化和最新动态。如果求职者事先做了"面试前准备表"，也可以利用这段时间再熟悉一下。

（4）候场礼仪：坐姿端正，座位有讲究

候场期间，求职者应注意以下三个事项。

①保持良好的坐姿和状态

在等待面试官时，求职者要注意坐姿，姿态避免过于懒散或放松。因为面试官可能会提前进入会议室，这时如果求职者的坐姿随意，跷着二郎腿，那么很可能会影响面试官对其的第一印象。因此，候场时，求职者应尽量保持端正的坐姿。

②选择合适的座位

如果求职者被安排进入会议室等待，就要注意座位的选择。求职者要牢记一条原则：背对门，面朝内，把正对着门的位置留给面试官。尤其是应聘销售、商务等职位时，这个细节更能体现求职者的商务礼仪和职业素养。

③面试官迟到应对

如果面试官没有按时到达，且已超过 10 分钟，求职者可以主动联系邀请自己面试的 HR，询问面试官的安排是否有变动。例如，"您好！我是今天 × 点面试的 ××，请问面试安排是否有调整？"或者礼貌地向公司前台咨询，例如，"我和 × 经理约了 × 点面试，但现在还没有见到他，您是否可以帮我确认一下时间？"这样说的目的是看看是否需要进一步等待或调整时间。

在准备面试当天的细节时，AI 工具同样能成为求职者的好帮手。例如，AI 行程助手可以整合天气、交通、定位等信息，为求职者规划路线并设置提醒；虚拟造型助手可基于面试行业及职位推荐穿搭风格，提升求职者整体形象的专业度；AI 化妆镜类应用可帮助求职者预览不同妆容搭配，提高仪容整洁度；AI 语音助手还可以帮助求职者在前往面试的路上继续"背诵"自我介绍或关键回答，让准备始终在线，信心持续在线。

四、表达模型：面试问题的应对利器

由于面试时间通常较短，求职者需要在有限的时间内清晰、精准地展现自己的能力、职位匹配度和潜力，让面试官相信自己是合适的人选。

面试中常见且实用的表达模型包括 STAR 模型与 PREP 模型。这两种模型能够帮助求职者在回答任务类和观点类问题时逻辑清晰、表达精准、有说服力，从而提高面试成功率。

1. 任务类：STAR 模型

STAR 模型是一种用于回答任务类问题的表达方法，它由项目背景（Situation）、任务目标（Task）、具体行动（Action）、最终结果（Result）四个部分组成，如图 3-4 所示。

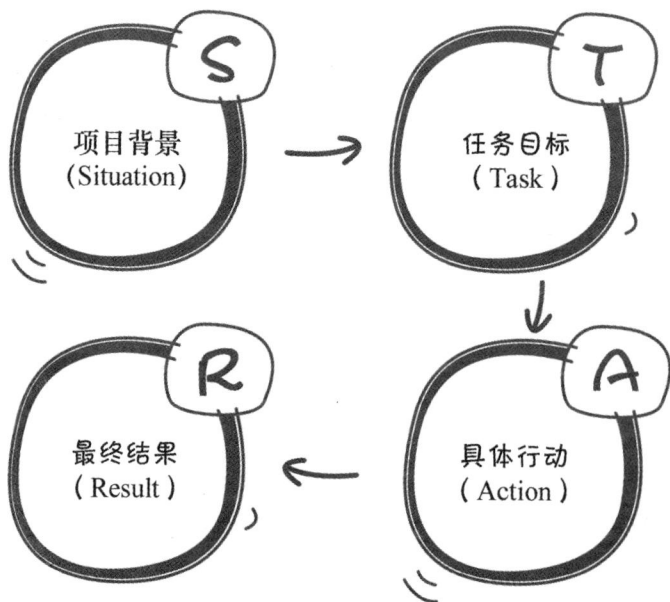

图 3-4　STAR 模型

任务类问题主要涉及对过去经历的描述，例如，"请介绍一个你参与过的项目""请描述一次你解决问题的经历。"

这类问题的核心在于考察求职者的问题解决能力。STAR模型可以帮助求职者有逻辑地讲述完整的故事，使回答更加清晰、严谨。

2. 观点类：PREP模型

PREP模型适用于回答观点类问题，它由观点（Point）、理由（Reason）、举例（Example）、重申观点（Point）四个部分组成，如图3-5所示。

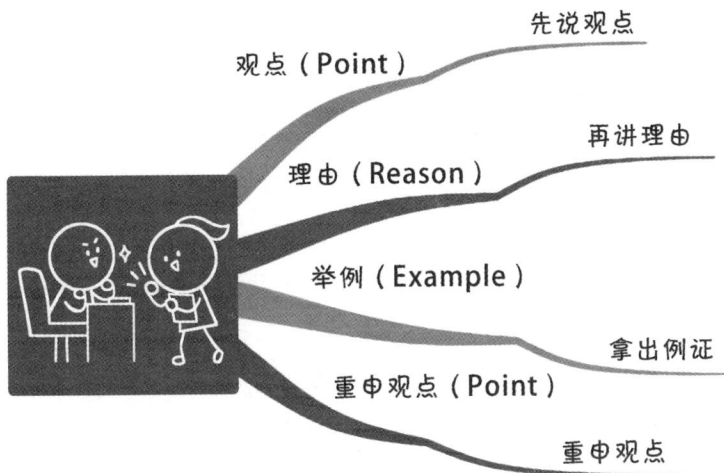

图3-5 PREP模型

观点类问题主要涉及个人看法，例如，"你如何看待加班文化？""你如何看待团队合作与个人能力的关系？"

这类问题的考察重点是求职者的逻辑思维能力和价值观。使用PREP模型回答，可以确保表达结构化、内容有理有据，让面试官更容易理解并认可求职者的观点。

假设求职者在面试销售岗位，面试官问："你如何看待加班文化？"求职者可以用PREP模型进行回答。

观点1：加班文化不应被推崇。

P（观点）："我认为加班文化不应被推崇。"

R（理由）："虽然有时加班是为了应对突发情况或完成紧急任务，但长期的加班文化可能影响员工的身心健康，降低工作效率，并且让员工产生疲劳感，从而影响整个团队的绩效表现。"

E（举例）："我曾经在一家公司工作，初期大家常常加班，长此以往，不仅工作效率没有提高，反而出现了员工流失率增高的情况。"

P（重申观点）："因此，我认为加班文化不应该是公司文化的一部分，公司应该注重提高效率和员工的长期发展。"

观点 2：在某些情况下，加班是不可避免的。

P（观点）："我认为在某些情况下，加班是不可避免的。"

R（理由）："在工作中，确实会有一些特殊的项目和紧急的任务需要员工加班完成。在这种情况下，适当的加班可以帮助公司按时交付成果，确保项目的顺利推进。但这应该是短期和有明确目标的，而非常态化。"

E（举例）："例如，在我之前的工作中，我们有一个重要的客户提案，最后阶段需要加班赶工，我们团队迅速协调安排，按时提交了方案，客户也非常满意。不过，这样的情况只发生过一次，之后公司就通过优化流程避免了类似紧急情况再次发生。"

P（重申观点）："因此，我认为适度的加班可以应对特殊需求，但不应该成为常态。公司应致力于优化工作流程，避免员工过度加班。"

无论持哪种观点，求职者只要采用 PREP 模型就都能条理清晰、逻辑严密地表达看法，避免含糊不清或缺乏论证。

面试不仅是"我知道"，更是"如何让对方听懂"。STAR 和 PREP 两个模型是一种高效的表达公式，能够帮助求职者将零散的想法整理成结构化答案，从而轻松应对面试官的提问。

3. 实操：根据模型回答问题

为了帮助求职者更好地掌握 STAR 模型和 PREP 模型，下面提供实操练习模板，求职者可以按照模板填写答案，模拟面试场景，提高表达能力。

（1）任务类问题——STAR 模型

选取真实经历，用 STAR 模型练习讲述过去的项目经验。

问题示例："请描述工作中遇到的一次最具挑战性的项目。"

表 3-2 为按照 STAR 模型填写答案的思路。

表 3-2 STAR 模型思路

STAR 模型	答案思路（根据自身经历填写）
S（背景）	该项目的基本背景是什么？发生在什么时间？你当时的职位和职责是什么
T（任务）	你的具体任务是什么？你需要达到什么目标？面对了哪些挑战
A（行动）	你采取了哪些具体行动？解决问题的方法是什么？你是如何克服挑战的
R（结果）	最终结果如何？数据或事实如何证明你的贡献？有什么收获

✍ **练习提示：**

①选择一个与自己目标职位相关的经历。

②用具体数字或结果增强说服力。

③避免只讲"做了什么"，要突出自己在其中的作用。

（2）观点类问题——PREP 模型

找一个话题，用 PREP 模型写下自己的观点，并大声朗读，提高表达能力。

问题示例："你认为工作中的稳定性和挑战性哪个更重要？"

表 3-3 为按照 PREP 模型填写答案的思路。

表 3-3 PREP 模型思路

PREP 模型	答案思路（根据自身观点填写）
P（观点）	你的核心观点是什么？是否认同这种做法
R（原因）	为什么你持这样的观点？你的逻辑是什么
E（举例）	你能用真实案例、数据或经验来支持你的观点吗
P（观点）	总结你的观点，并强调你的立场

✍ **练习提示：**

邀请朋友模拟面试，让对方提问，自己使用 PREP 模型作答，提高临场表达能力。

掌握 STAR、PREP 等结构化表达模型，能大大提升求职者在面试中的表达逻辑性。AI 工具也可以成为求职者练习使用表达模型的得力助手。通过 AI 对话模拟器或 AI 面试教练，求职者可以针对某一类问题，如"讲一个你解决困难的例子"进行多轮练习。

AI 工具不仅能识别出求职者是否完整使用了模型结构，还能指出求职者的表述是否存在语义模糊、逻辑跳跃、信息不充分等问题，并提供优化建议。例如，如果求职者的 STAR 模型中"Action"部分缺乏足够多的细节，AI 工具就会提示求职者增加执行层面的内容，帮助求职者把抽象经历讲具体、讲精彩。AI 工具还支持多语言、不同岗位或行业风格的表达练习，让求职者随时随地提升表达力。

五、自我介绍：面试成功的关键环节

在面试中，求职者在自我介绍部分的表现将直接影响面试官的后续判断。如果求职者开场表现出色，面试官往往会眼前一亮，愿意深入交流，从而推动面试顺利进行；反之，如果自我介绍表现得不好，面试官可能失去交流兴趣，导致面试匆匆结束。心理学的"首因效应"可以很好地解释面试中的这种现象。

"首因效应"是指在人们对事物的认知判断中，第一印象具有优先性且影响持久。在面试中，面试官在听完求职者的自我介绍后，通常会对求职者形成关键性的感性判断，这种初始判断将主导整个面试走向。

当求职者通过精炼有力的自我介绍展现职位匹配度时，面试官会进入"验证模式"：下意识地寻找支持其正面判断的依据，并在接下来的交流中给出一些建设性意见。典型的表现就是在追问细节的时候给予提示性引导，或者在回答存疑时主动提供补充机会。

反之，当求职者的自我介绍出现逻辑混乱、重点模糊等问题时，面试官可能会启动"证伪模式"：通过压力测试检验求职者的短板，提问往往会变得更加具有批判性。常规问题可能会被故意复杂化，求职者回答中的瑕疵也容易被放大，导致面试时长缩短。

因此，求职者精心准备并呈现一个精彩、有力的自我介绍，是提升面试成功率的关键。

1. 一个完美的自我介绍结构

一个完美的自我介绍不是简单地罗列个人信息，更是一个讲述"你是谁"的故事，展示求职者的"英雄之旅"，让面试官看到你的成长历程和职业成就。求职者可以按照以下五个步骤讲述自己的"英雄之旅"，如图 3-6 所示。

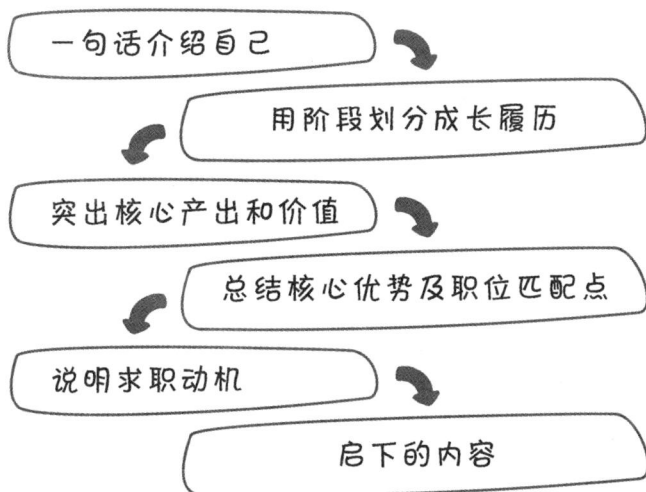

图 3-6　一个完美的自我介绍结构

（1）一句话介绍自己

面试开场时，求职者首先要用一句话介绍自己，概括自己的核心经验和个人标签。核心经验包括行业经验和专业经验，个人标签是指求职者身上的特质。

"我是一个拥有超过 20 年人力资源工作经验的专业人士，曾在互联网行业和上市企业中担任重要职务。"

"我是一个有 5 年电商运营经验的从业者，专注于电商和在线教育领域。"

（2）用阶段划分成长履历

多数求职者在介绍自己的成长履历时习惯按照时间顺序列出自己曾经就职的企业和职位。但是，过于依赖时间顺序的叙述方式可能会显得单调且缺乏重点。为了让面试官更好地理解自己的职业发展，求职者可以将经历分为几个有意义的阶段。

这种阶段划分可以按照不同的维度进行，例如，行业的变化、职位的变化，或是职级晋升的过程。通过这种方式，求职者能够更加突出职业成长中的关键节点。

例如，求职者经历了行业转换，可以这样说："我在毕业后的两年里，主要在传统行业从事市场推广工作。后来我转入互联网行业，担任某知名电商公司的运营负责人。"

这种介绍不仅清晰展现了求职者的职业轨迹，也能突出其适应能力和跨行业的经验。

再例如，求职者的角色身份发生了变化，可以这样说："在最初的 5 年，我在一线岗位积累了丰富的运营经验，全面了解了用户需求和产品运营。后来，我晋升为管理者，开始带领团队推动项目落地，现在我负责管理一个百人的团队。"

这种分阶段的叙述方法，不仅能帮助求职者突出个人的成长与变化，还能向面试官展示求职者如何从一线工作者逐步成长为管理者，取得了怎样的职业成就。

（3）突出核心产出和价值

在介绍每个阶段的工作经历时，求职者应重点突出自己在该阶段的核心产出和价值。简单来说，就是要清楚地讲述自己在过去的工作中取得了哪些重要成果，并用具体数据量化这些成绩。这样可以让面试官更直观地看到求职者的能力和成就。

例如，求职者应聘的是产品经理职位，之前曾参与过某产品的研发工作，那么可以这样说："在我的上一份工作中，我参与了一个从零开始的产品研发项目，并成功推动了该产品上线，最终带来 50% 的市场份额增长。"

（4）总结核心优势及职位匹配点

求职者应总结自身核心优势，并重点突出与职位的匹配点，从而更好地展现自身价值。但是，需要注意的是，求职者在表达时应尽量自然，如果过度强调与职位的契合度，反而可能让面试官觉得过于刻意，影响真实感。

（5）说明求职动机

求职者在说明求职动机时可以解释自己离职的原因，或表示自己对该职位的特别期待，或者解释空窗期的原因。这样做不仅能打消面试官的疑虑，还能展示求职者的诚意。

（6）启下的内容

在自我介绍结尾的部分，要有一个过渡性内容，避免自我介绍突然结束。例如："以上就是我的自我介绍，简要地总结了我的工作经历。如果您感兴趣，我还可以分享更多具体的实践经验，谢谢。"

这样的结束既能自然引导面试官继续提问，又能体现求职者的自信和沟通能力。

无论是应届毕业生还是有一定工作经验的求职者，都可以使用这个结构进行自我介绍。应届毕业生可能会有这样的疑问："我没有工作经验，该如何介绍自己的履历和工作经验呢？"事实上，没有正式的工作经验并不意味着没有价值。求职者仍然可以突出自己的学业成绩、实习经历、研究项目等能够体现自己能力和潜力的内容。

总之，与目标职位相关的优势，无论是专业技能、实践经验，还是解决问题的能力，都可以成为求职者自我介绍的亮点。

在准备自我介绍的过程中，求职者可以借助 AI 工具提升效率与内容质量。例如，求职者可以先将自己的简历内容输入 AI 助手，让 AI 助手帮助提炼核心亮点，并生成初步的自我介绍文本草稿。这种方式有助于求职者跳出"自说自话"的框架，更客观地看到自身的优势与岗位匹配点。

此外，一些语音分析类 AI 工具可以协助求职者练习表达。通过模拟面试环境，AI 工具能检测求职者的语速、语调、停顿与措辞习惯，并给出改进建议，从而帮助求职者打造更清晰、更具感染力的表达风格。还有部分 AI 面试平台支持"岗位标签匹配"，能够基于特定职位类型，如运营、产品、销售等提供定制化的表达建议。

恰当地运用 AI 工具不仅能提升自我介绍的内容质量，更能增强求职者的练习效率与信心，尽快打磨出一套更成熟、更具说服力的自我介绍。

2. 自我介绍范本

范本一：拥有 10 年财务工作经验的求职者

您好，我拥有 10 年财务工作经验，曾深耕传统零售行业，并在近几年转向互联网电商领域。

我的职业发展可以分为以下两个阶段。

第一个阶段：零售行业财务管理

我曾在两家线下连锁零售企业工作，主要负责财务核算。从一线账务做起，慢慢成长为总账会计。在这期间，我见证了其中一家公司从几家门店扩展到全国 300 多家门店，参与了从财务体系搭建到门店财务管理的全过程。零售行业对财务要求高，数据繁杂，但这段工作经历也帮助我打下了扎实的财务基础。

我看到贵公司也涉及线下业务，如果您感兴趣，我可以分享一些关于门店财务管理和核算优化的经验。

第二个阶段：互联网电商

后来，我进入电商行业，财务工作重心从线下转向线上，涉及仓储、配送、人力成本等。除了传统的总账会计工作，我还更多地参与了财务分析工作，特别是在最近两年，我负责业务财务工作，直接支持业务团队，进行经营分析、成本优化，并独立撰写经营报告。

这段经历让我从"财务视角"跳到了"业务视角"，更加关注数据和经营策略。我了解到贵公司对数据分析的要求较高，如果您感兴趣，我很乐意分享我的经验。

在上一家公司，我有幸参与了上市筹备工作，但后来因为公司调整，上市计划被搁置。从个人职业规划来看，我仍然希望加入一家有上市计划的公司，继续积累经验，也希望能真正"上战场"，见证并推动公司成长。

贵公司的发展方向与我的目标高度契合，所以我很期待今天的交流，看看有没有机会合作。

以上就是我的自我介绍，如果您有感兴趣的地方，我还可以分享更多，谢谢。

范本二：应届毕业生

您好，我是张××，来自××大学××校区，所学专业为心理学专业。

我的专业方向是心理学在人力资源管理中的应用，在学习过程中，我不仅打下了扎实的理论基础，也积极投身实践，努力将所学知识转化为实际经验。

在学业上，我的专业成绩长期保持全年级前三，对人才测评、组织行为学等领域有深入研究。这些理论知识让我在理解招聘、人才管理等方面有了更科学的思维框架。

为了将专业知识与实践相结合，我在××公司担任招聘专员实习生，参与了招聘的全流程工作，包括职位需求分析、简历筛选、面试安排等。实习期间，我结合心理学知识，整理了一套高效面试指南，成功推荐20名求职者入职，主要涉及销售和客服岗位。这段经历让我深刻理解了人才匹配的重要性，也更加坚定了自己在人力资源管理方向发展的决心。

除了实践，我还参与了多个心理学与企业管理相关的研究项目，其中最重要的研究项目是关于企业文化在公司中的作用，该论文最终在省级刊物发表。这项研究让我更加理解了企业文化对员工心理和组织发展的影响，也让我认识到人力资源管理是一个关乎组织长远发展的重要职能。

我始终认为，HR不仅是一份工作，更是一份能够挖掘人才、成就他人的事业，而我的专业背景和实践经历能帮助我在这个领域更好地发挥作用。

我了解到贵公司在人力资源管理方面投入很大，尤其注重人才培养和组织发展，这与我的职业目标高度契合。因此，我希望能加入贵公司，在这里积累经验、快速成长，并用我的专业知识和实践经验为贵公司的团队建设与人才管理贡献自己的力量。

以上就是我的自我介绍，如果您有感兴趣的地方，我还可以分享更多，谢谢。

3. 实操：根据结构写出你的故事

（1）有经验求职者的自我介绍

适用于拥有一定工作经验的求职者，需要突出过往经历、成果和职位匹配度。

- 一句话介绍自己：＿＿＿＿＿＿＿＿＿＿＿＿＿＿＿＿＿＿＿＿
- 履历阶段划分：＿＿＿＿＿＿＿＿＿＿＿＿＿＿＿＿＿＿＿＿＿＿
- 每个阶段的核心产出和价值：＿＿＿＿＿＿＿＿＿＿＿＿＿＿＿＿
- 核心优势及职位匹配点：＿＿＿＿＿＿＿＿＿＿＿＿＿＿＿＿＿＿
- 求职动机：＿＿＿＿＿＿＿＿＿＿＿＿＿＿＿＿＿＿＿＿＿＿＿＿
- 启下的内容：＿＿＿＿＿＿＿＿＿＿＿＿＿＿＿＿＿＿＿＿＿＿＿

（2）校招生（应届生）的自我介绍

适用于缺乏正式工作经验的求职者，需要突出学业背景、实践经验和职业规划。

- 姓名、学校、专业：＿＿＿＿＿＿＿＿＿＿＿＿＿＿＿＿＿＿＿＿
- 优势亮点：＿＿＿＿＿＿＿＿＿＿＿＿＿＿＿＿＿＿＿＿＿＿＿＿＿
- 求职意向和信心：＿＿＿＿＿＿＿＿＿＿＿＿＿＿＿＿＿＿＿＿＿＿
- 启下的内容：＿＿＿＿＿＿＿＿＿＿＿＿＿＿＿＿＿＿＿＿＿＿＿＿

面试焦虑的本质，
是对未知的恐惧。
做好周密准备则可以
把未知变成已知。

第四章

核心技巧：面试中的应对策略

本章立足面试实战环节，帮助求职者掌握应对不同轮次面试的方法，明确面试官的关注点。同时，本章深入拆解五大类高频问题，辅以结构化答题模型，提升求职者的表达力与逻辑性。此外，本章内容还将指导求职者如何从容应对谈薪场景与突发问题，让求职者在关键时刻不怯场，做到稳中制胜，赢得面试官的认可与信任。

一、轮次突破：如何精准应对不同轮次面试

通常情况下，面试分为三轮：第一轮一般是 HR 面试，第二轮是平级面试或者业务管理者面试，第三轮则是高层管理者或者 CEO（Chief Executive officer，首席执行官）面试。由于不同轮次的面试官主要考察求职者不同方面的能力，因此求职者需要展示和呈现的重点也会有所不同。

1. HR 面试：考察稳定性与匹配度

HR 面试的关注点是求职者的求职动机、基本认知、软技能、稳定性及匹配度等方面。

HR 首先会关注求职者此次求职的动机，也就是求职者希望通过这份工作获得什么。同时，HR 也会通过求职者对自己的评价来了解其基本认知。此外，HR 还会通过询问求职者从上一家公司离职的原因、家庭情况及职业规划等，来判断其职业稳定性。在软技能方面，HR 虽然可能无法深入探讨专业的业务话题，但他们可以通过求职者的表达来判断其逻辑思考能力是否清晰，以及是否具有亲和力和良好的性格。

基于 HR 面试的关注点，可以大致了解他们在面试中常提出的问题，如表 4-1 所示。

表 4-1　HR 在面试中常提出的问题

问题的主题	问题的本质
自我介绍	了解求职者的背景和基本认知
离职原因	判断求职者的职业稳定性
入职时间	考察求职者对工作的积极性和稳定性
用三个词形容自己	了解求职者的自我认知
为什么应聘我们公司	判断求职者的求职动机是否与公司需求相匹配
喜欢的领导风格	了解求职者的工作偏好和团队适应性
兴趣爱好	考察求职者的软实力和性格特点
预期薪资	判断求职者的期望是否与公司预算相符，同时也能反映求职者的职业规划和稳定性

（续表）

问题的主题	问题的本质
其他问题，如"你还有什么想问我的吗？"等	进一步了解求职者的思考深度和主动性

通过这些问题，HR 可以从多方面了解求职者的能力和潜力，判断求职者的稳定性和匹配度，从而确定是否向下一轮面试推进。

进入这个环节之前，求职者可以使用 AI 测评工具，如职业倾向测试、性格测试等，了解自己的职业适配度，并在面试中有的放矢地展示自己。同时，求职者也可以利用招聘平台自带的 AI 面试工具，模拟真实的面试环境，提高自己应对面试问题的熟练度，并获得即时反馈，改进表达方式和回答结构。如果面试后收到反馈，求职者可以使用 AI 分析工具对反馈进行自然语言处理，提炼出自己需要改进的地方，并优化下次的面试表现。

2. 平级面试：考察团队协作

在求职面试中，平级面试通常由未来可能是同级别的同事或团队成员进行，面试的关注点集中在求职者与现有团队的契合度和成长潜力上。

平级面试的面试官首先会关注求职者的工作习惯、价值观、工作风格及个人性格等方面，了解其能否与现有团队的同事高效合作、是否适应公司的工作风格等。此外，平级面试的面试官还会评估求职者是否具有进一步发展的潜力，例如，了解求职者是否愿意接受新的挑战、学习新的知识和技能，以及是否有能力在不同的职位或项目中快速成长。

平级面试中常出现的问题如表 4-2 所示。

表 4-2　平级面试中常出现的问题

问题类别	问题示例
团队协作类	（1）分享一个你与团队成员发生冲突的经历，你是如何处理的 （2）如果你在团队中发现一个同事的工作能力不足，你会怎么做 （3）在团队合作中，你认为最重要的因素是什么
文化契合类	（1）你目前所在公司的团队氛围是什么样的 （2）在我们公司的价值观中，哪一条最吸引你？为什么

（续表）

问题类别	问题示例
沟通能力类	（1）你如何向非技术同事解释一个技术问题 （2）如果发现同事的方案有错误，你会如何反馈 （3）讲述一次你通过沟通化解团队危机的经历
问题解决类	（1）你如何在一个紧急项目中快速调整优先级 （2）如果任务超出你的能力范围，你会如何寻求帮助 （3）讲述一次你通过创新方法解决团队难题的经历
情景模拟类	（1）如果团队需要在一周内完成一个高难度项目，你会如何分配任务 （2）如果你发现某个流程效率低下，但团队已经习惯原有方式，你会如何推动改进 （3）如果同时收到多个同事的紧急请求，你会如何应对

平级面试的核心是考察求职者能否成为团队的"盟友"，因此求职者需要重点展现自己的协作精神、沟通能力和适应性。

在进入这个环节之前，求职者可以使用 AI 沟通培训工具，模拟团队成员之间的沟通情景，提升自己的语言表达能力、倾听技巧和反馈能力。同时，求职者还可以通过模拟面试准备好如何回答与团队合作相关的问题，使用 AI 工具构建出结构化的、实用的回答，从而增强面试的自信心。

3. 业务管理者面试：考察专业能力

面试时，业务管理者会从以下三个角度考察求职者。

一是求职者的硬技能，如是否具备相关工具的使用技能，是否有类似的项目案例经验，且案例与当前职位的相似性如何。

二是求职者的专业性。

三是求职者与业务管理者的个人匹配度。

业务管理者在面试中常提出的问题如表 4-3 所示。

表 4-3　业务管理者在面试中常提出的问题

问题类别	问题示例
项目经验类	请讲一下你做这个项目的经验
行业认知类	你如何看待我们这个行业

问题类别	问题示例
过往表现类	你在上家公司最大的价值或挑战是什么
业务理解类	你怎么看这个业务？如果由你操作，你会怎么做
流程与效率类	（1）流程中关键节点及应对方式是什么 （2）如何排列几个事项的优先级 （3）如何争取资源
团队协作类	你如何进行跨部门沟通
应变能力类	（1）假设你已经入职，你觉得工作中最大的挑战是什么 （2）如果能够顺利入职，你会如何开展工作

业务管理者是求职者应聘岗位的直接负责人，未来需要共事，所以会考察求职者是否能胜任下属角色，能否与之合作。因此，求职者在这轮面试中要重点呈现自己的专业度及解决问题的能力。

在进入这个环节之前，求职者可以使用 AI 新闻摘要、行业报告生成工具等获取行业最新的动态和趋势，并结合自身经验在面试中提出有深度的见解，展现出自己的行业敏感性和分析能力。此外，针对业务管理者在面试中经常涉及的情境分析和案例讨论问题，求职者可以利用 AI 工具快速找到相关案例，模拟不同的决策过程并进行结果分析，从而在面试中展示自己的专业能力。

4. 高层管理者或 CEO 面试：考察战略思维

高层管理者或 CEO 面试时的关注点与业务管理者有所不同，他们不仅关注求职者能否解决当下的难题，更关注求职者是否具有战略思维，能否在公司长期发展。他们主要从以下三个方面考察求职者。

一是求职者的专业能力。他们会评估求职者能为企业创造哪些价值，这些价值能够决定企业未来的经营发展情况。

二是求职者的认知高度。他们会评估求职者的认知思维与公司战略是否同频，也就是求职者能否理解企业的业务本质。

三是求职者的能力潜力。他们会评估求职者的潜力与企业发展方向是否匹配，是否具有长期培养的价值。

在高层管理者面试环节，求职者要做到以下"三要三不要"：

☑ 要引用最新财务报告或技术白皮书，展现自己对所处行业的洞察；

☑ 要用商业画布的九个维度进行递进式提问，重点关注公司战略；

☑ 要强调自己以往解决同类问题的经验，突出自己的可迁移价值。

✖ 不要过于纠结自己以往解决问题过程中的细节；

✖ 不要被动等待提问，可以主动引领对话方向；

✖ 不要回避战略分歧，可以用"建议 + 数据"的结构表达观点。

上面提及的"商业画布"是一种有效的思维方式，它可以让求职者与高层管理者的面试对话升级为"价值共振"。

图 4-1 是一个商业画布九宫格示例，它包含了重要合作、关键业务、核心资源、价值主张、客户关系、渠道通路、客户细分、成本结构和收入来源九个维度的内容。

图 4-1　商业画布九宫格示例

以瑞幸咖啡为例，商业画布各维度的问题及应用示例如表 4-4 所示。

表 4-4　商业画布各维度的问题及应用示例

维度	关键问题	应用示例	适用岗位
重要合作	谁是重要合作伙伴	知名名牌联名、明星代言	市场营销等
关键业务	公司最重要的产品或服务是什么	新品研发、下沉市场扩张	与业务相关的岗位

（续表）

维度	关键问题	应用示例	适用岗位
核心资源	公司有什么别人拿不走的资源	数字化运营系统、爆品研发能力	产品经理、运营专员、市场营销等
价值主张	公司能给客户提供哪些价值	高品质咖啡、产品极致的性价比	市场营销等
客户关系	怎样让客户持续复购	社群运营、优惠券推送	用户运营、客户服务等
渠道通路	怎样触达客户	线上 App、密集的线下门店	销售、财务和供应链管理等
客户细分	谁可能为公司付费	年轻白领、追求性价比的咖啡消费者	销售、产品经理等
成本结构	公司的钱花在哪里	门店租金、营销资金投放	财务、采购运营等
收入来源	公司靠什么获得稳定持续的收入	饮品销售、周边产品开发、加盟费	财务、供应链采购等

根据不同岗位的特点，以下三段分岗位实战话术模板供读者参考。

（1）技术岗（产品研发、产品经理等）

切入点：关键业务＋核心资源

话术："我注意到贵公司近期在 AI 大模型领域持续投入，这与行业的发展趋势高度契合。我拥有在 ×× 项目中的异构计算优化经验，可以帮助团队更快地突破算力瓶颈。"

（2）职能岗（人力资源、财务等）

切入点：成本结构＋客户细分

话术："我从贵公司的财务报告数据中发现，贵公司的营销费用占比低于行业平均值，但客户留存率较高。我建议将节省的成本反哺于员工培训，我在上家公司推动这种'精益人力'模式后，公司的平均人效提升了30%。"

（3）业务岗（销售、市场营销等）

切入点：渠道通路＋重要合作

话术："分析竞品后我发现，B 端客户更看重行业生态整合。如果我们能与

××协会达成战略合作，利用其召开峰会的机会做联合推广，预计可降低20%的获客成本。"

求职者可以使用 AI 工具提前模拟面试，练习回答高层管理者提出的问题。AI 模拟工具可以提供实时反馈，帮助求职者优化回答结构、语言表达及思考深度，提升面试的流畅性与自信心。

总体来说，求职者在面试过程中需要根据不同面试官的关注点做好以下准备：

面对 HR，要展示自己与目标职位要求的匹配度，让 HR 看到自己的求职动机和稳定性，争取获得下一轮面试的机会；

面对业务管理者，要着重呈现自己的专业性，让面试官相信自己能够胜任工作并解决问题；

面对高层管理者，要展现自己的战略思维，让面试官觉得求职者值得被公司录用并提供长期培养的机会。

二、高频问题：5 类经典面试问题拆解

求职者在面试中会遇到 5 类高频问题，分别是"稳定性"问题、"匹配度"问题、"性价比"问题、"认知"问题和"混合性"问题。每一类问题下都包含多个经典问题。本部分针对每类问题选出了几个代表性问题进行拆解，剖析其背后的底层动机及回答技巧。

除了这些具有代表性的问题，求职者可能还会遇到其他面试问题，这时可以使用 AI 工具进行拆解。

如何使用 AI 工具拆解面试问题

第一步，明确问题类型和考察点。

向 AI 工具询问面试问题背后的具体动机。提示词示例："'你在上家公司的最大挑战是什么？'属于什么类型的面试问题？主要考察什么？需要规避哪些回答风险？""目标职位是'产品经理'，问题是'你如何处理用户需求与开发资源的冲突'，请分析面试官想考察哪些能力？"

第二步，关联个人经历，用 AI 工具构建"个性化案例库"。

（续）

向 AI 工具输入个人经历，生成结构化案例框架。提示词示例："我曾在 ×× 公司负责 ×× 项目，因需求变更导致进度滞后，我协调 3 个部门重新排期，最终提前 2 天交付。请用 STAR 模型拆解经历，突出项目管理能力。"AI 工具会按照 STAR 模型对个人经历进行拆解并生成案例框架。

接着，针对职位关键词，让 AI 工具从案例中提取匹配点。提示词示例："职位强调'快速适应变化'，帮我从上述案例中提炼'应对突发变化'的亮点。"AI 工具会聚焦"主动协调""动态调整计划"等关键词，强化回答与目标职位的关联性。

第三步，针对具体面试问题，用 AI 工具生成个性化回答话术。

向 AI 工具输入个人经历的案例框架、具体面试问题及问题考察点，生成个性化回答话术。提示词示例："根据我的经历（×× 公司 ×× 职位，负责 ××），生成'你对加班的看法'的回答框架，突出责任心和效率平衡。"

求职者需要注意以下两点：

一是不要照搬回答话术，而要根据自己的表达方式、语气语调和个人特点进行调整，要理解面试官提问的底层逻辑；

二是题库无法涵盖所有可能被问到的问题，求职者还需要进一步思考这些问题背后的意义，以及面试官可能还会问到哪些问题，尤其要结合自身特点和不足之处进行思考。

总之，经典面试问题拆解应被视为一种思路，而不是单纯的话术案例。

1. 4 个"稳定性"经典面试问题拆解

（1）你为什么从上家公司离职

很多求职者在回答离职原因时会吐槽前公司，如抱怨领导、团队不好，或者只提薪资低，却忽略了自身成长的原因，这种简单的表达方式会显得情绪化，不利于面试。

面试官询问求职者离职原因通常出于以下 4 个动机，如图 4-2 所示。

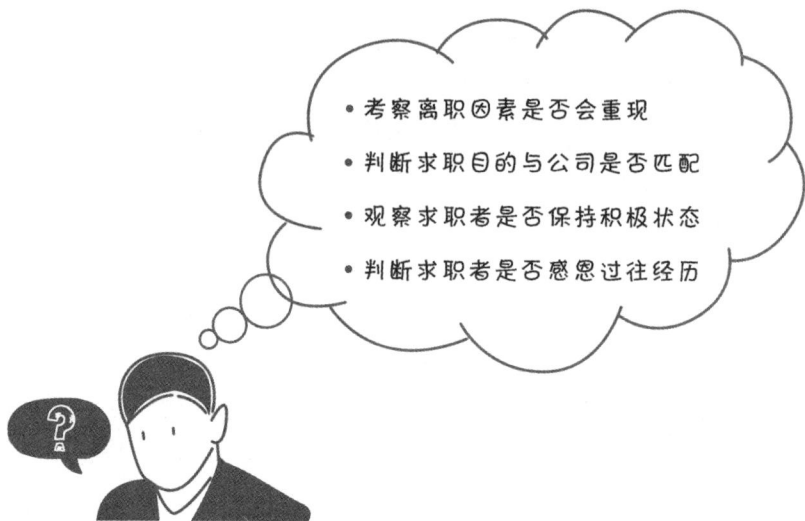

图 4-2　面试官询问离职原因的动机

①考察离职因素是否会重现

公司希望招聘到稳定工作的员工，不希望频繁更换人员。面试官会评估求职者离职的原因是否可能在本公司再次出现。

②判断求职目的与公司是否匹配

面试官需要了解求职者的需求是否与公司能够提供的条件相契合。如果求职者的需求无法得到满足可能会导致其工作不稳定。

③观察求职者是否保持积极状态

抱怨前公司、领导或同事等的负能量表达，会让人质疑求职者的心态是否积极。面试官希望看到求职者保持乐观和积极的态度。

④判断求职者是否感恩过往经历

懂得感恩的人往往在业绩和人际关系方面表现较好。面试官希望通过询问求职者的离职原因，了解其是否对过往经历和公司心存感恩。

求职者应从这些角度出发，真实且得体地表达离职原因，具体应遵循以下三个原则。

求职者回答离职原因时应遵循的原则

真实且得体：不要虚构离职原因，但可以换一个更得体的表达方式。

（续）

感恩成长： 感谢前公司给自己带来的成长，避免抱怨和吐槽。	
客观表达： 用客观的语言描述离职原因，避免情绪化。	

表4-5为常见离职原因的回答优化示例。

表4-5　常见离职原因的回答优化示例

离职原因	回答优化示例
薪资低	"上家公司给了我很好的机会，我个人进步挺大的，但我希望拿到更高、更匹配我个人价值的薪资。这两年市场上的薪酬情况已经远远超过了公司能给我的，而我所在的行业比较传统，公司没办法给我相应的薪资。"
与同事关系不好	"我的工作需要团队协作，我深知团队的力量远超个人。在之前的公司，我需要花较大精力协调关系，这影响了我的工作效率。不过，我在复杂的工作环境中仍然保证了工作产出。我很期待在新的工作和团队中，更好地发挥自己的能力。"
被辞退	"公司每个阶段对人才的要求是不一样的，我在公司需要我的时候一直都在。后来公司调整速度挺快，我在那个阶段确实没有跟上，这当中有我个人的原因，所以我想换一个平台，以更好的状态投入工作。"
公司裁员	"这次裁员是因为行业政策和外部环境的变化，对我们公司的影响挺大的，波及面不小。我们团队做的是创新业务，受影响最大。裁员并不是针对我个人，而是整个业务方向的调整。"

（2）你现在的个人规划是什么样的

求职者在面试中可能会被问到个人规划，面试官并不是关心他的职业规划，而是想了解求职者的家庭、婚姻情况及个性。

面试官问及个人规划时，求职者应理解其背后的动机，面试官关注的核心是求职者的生活会不会影响工作。求职者不必过于敏感或抵触，只要真诚表达，突出自己对工作的专注和投入，就可以打消面试官对自己工作稳定性的顾虑。

例如，一位大龄未婚的求职者可以这样回答："前些年家里也催着我找另一半，但我暂时没有结婚的打算。我目前更想把精力放在工作上，工作给我带来了很强的成就感。"

这样的回答既能打消面试官的顾虑，又显得自然真诚。

（3）你什么时候能入职

面试官提出这个问题时有以下两种场景，求职者需谨慎回答。

第一种场景：面试结束但未发 offer。

在这种场景下，面试官询问入职时间，只是想了解求职者的紧急程度，判断其是否能满足公司的业务需求。求职者应避免回答"马上入职"或"需要两个月"等极端答案，这会让公司觉得求职者入职意愿不强或存在不确定性。求职者应回答："我的入职时间比较灵活，通常需要三周，如果公司有需要，我可以尽量提前。"

这种回答既表明求职者有诚意，又避免了过于绝对。

第二种场景：面试结束且已谈好薪资，处于拟定 offer 阶段。

在这种场景下，HR 需要明确入职时间来写 offer。如果求职者在职，可以这样回答："我非常感谢公司给我机会，我目前还在职，拿到 offer 后会尽快办理离职手续，同时配合公司做背景调查。按规定离职期是一个月，但我会和领导沟通尽量提前，预计两三周可以完成交接。不过，为防止意外，建议 offer 上写一个月，我会及时与您沟通。"

如果求职者已离职，就可以这样回答："我收到 offer 后会安顿好家里的事情，一周后到岗。"

这样既确保了 offer 不丢，又为自己争取了灵活的时间。

总之，求职者回答入职时间的问题时，要根据场景灵活应对，避免过于仓促或拖延，核心是确保拿到 offer 后再做进一步判断。

（4）你现在还在职吗

这个问题背后隐藏着很多潜台词。如果求职者已经离职，要主动说明离职原因，而不是等着面试官追问，这样显得更主动、情商更高。

求职者离职的原因多种多样。例如，公司业务受到影响，导致整个团队被裁撤，这是客观原因。但求职者要表达出对公司的感激之情，说明自己在公司期间也有所成长。如果离职后有一段时间的空窗期，求职者要解释这段时间在做什么，如学习、考研、考公务员、创业等，重点是表达自己已经准备好寻找工作机会了。

如果求职者是考公务员失败后重新求职，也要主动说明情况，避免面试官担心求职者会再次放弃工作备考公务员。

总之，求职者要清楚地表达自己的离职原因和目前的状态，让面试官感受到求职者是积极主动、有规划且准备好迎接新工作的。

2. 9个"匹配度"经典面试问题拆解

（1）你未来3～5年的职业规划是什么

面试官提出这个问题的目的是了解求职者对自己的认知、求职动机及稳定性，判断其是否与目标职位和公司发展相匹配。

求职者在回答职业规划问题时的注意点

回答"没有职业规划"： 如"我没有长远计划"或"暂时没想那么远"，这会显得求职者对自己没有正确的认知，缺乏上进心；

目标设定过高或不切实际： 如"几年内升到总监"或"五年后在北京买房"，这些回答显得过于功利且与职业规划关联不紧密；

暗含不稳定的职业意向： 如"过几年可能想创业""考公"或"考研"，这会让面试官觉得求职者不稳定，可能会很快离职。

面对面试官的三重考量——自我认知、求职动机及稳定性，求职者可以按照以下三步法进行回答，如图4-3所示。

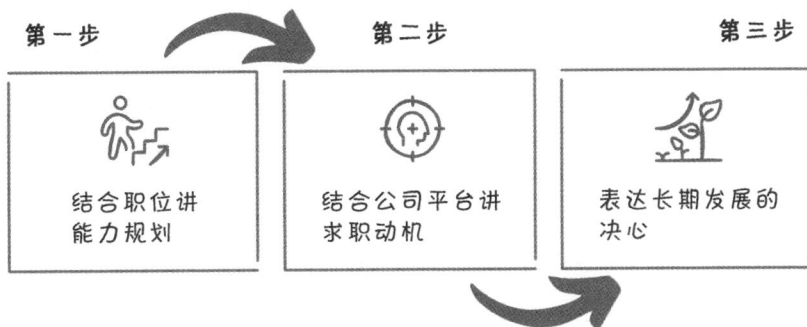

图 4-3　回答"职业规划"的三步法

第一步，结合职位讲能力规划。例如，求职者可以根据比当前职位高一级的职位所需的能力，制订学习和提升计划。再如，应聘人力资源主管职位时，求职者可以表示希望在未来两年内掌握绩效管理和薪酬管理等多模块知识，提升自身的综合能力。

第二步，结合公司平台讲求职动机。求职者需明确表达自己选择该公司的动机，包括快速成长、开拓视野或获得管理机会等。

第三步，表达长期发展的决心。求职者应强调自己愿意与公司共同成长，避免提及短期内可能离职的计划。

假设求职者是一名工作 3 年的产品经理，应聘金融产品经理职位，在面对"未来 3～5 年的职业规划"这一问题时，可以这样回答："我希望在未来三年内深入学习金融业务知识，因为金融产品与其他产品差异较大且复杂度高，我需要花更多时间深耕，目标是成为懂业务的金融产品专家。（能力规划）我之前主要接触 C 端产品，贵公司的金融产品经理职位可以使我接触到 B 端产品，这让我非常兴奋。我希望通过这个机会拓宽视野，提升自己的专业能力。（求职动机）公司发展迅速，我希望能跟上业务发展的节奏，未来三年也是我成长的黄金时期，我愿意与公司共同成长。（表达决心）"

通过三步法，求职者可以清晰表达自己的职业规划，同时展现出对职位的热情和工作的稳定性，给面试官留下积极的印象。

（2）你为什么能胜任这份工作

求职者在回答"你为什么能胜任这份工作"时，经常是只强调未来能做什么，而忽略了问题背后的真正意图——考察求职者的求职意愿、动机和过往经验。

求职者可以运用 PREP 模型清晰、有条理地表达自己的优势和适合该职位的理由，从而展现对自身的清晰认知，以及与职位的高匹配度。

回答胜任力的技巧：PREP 模型

P（Point）：明确表达自己适合这份工作的观点。例如，"我认为自己与公司的职位要求非常匹配，非常适合这份工作。"

R（Reason）：说明自己能够胜任的理由。例如，"我在过去五年积累了丰富的销售经验，出色的业绩证明了我的能力。"

E（Example）：通过具体案例支撑观点。例如，"过去两年我的业绩排名连续第一，同时我在金融行业积累了大量客户资源，这与公司的发展方向高

（续）

度契合。"

P（Point）：重申自己能够胜任这份工作的观点。例如，"综合以上经验与能力，我相信自己一定能胜任这份工作。"

（3）如果你来了，你会如何开展工作

求职者在面试中被问到"开展工作"的问题时，应根据自身情况给出合适的回答。错误的做法是直接表态——"我一定好好工作"，或者说"我还不知道，现在公司什么情况我都还不了解。"

面试官提出这个问题的动机是考察求职者的规划能力、逻辑思维、表达能力及职业化水平。因此，求职者在回答这个问题的时候要抓住三个关键词：态度、计划、思路。其中，思路优于计划和态度。

初阶求职者，尤其是刚毕业或工作时间较短的求职者表达态度即可。例如，"如果我有幸被录用，我会认真准备入职材料，尽快熟悉同事和新环境，学习公司制度和产品知识，争取早日转正，不辜负领导期待。"

中阶求职者应讲计划。例如，"如果我有幸被录用，我会分三步开展工作：第一，用一周时间熟悉团队并拟订工作计划；第二，入职两周内与领导沟通确认工作计划；第三，根据工作优先级实施计划，并及时汇报和反馈。"

回答时可结合目标职位和场景，使内容更具体。

工作经验较丰富的求职者则更注重逻辑和思路。例如，"如果我有幸入职，按照我以往的职业习惯，我会把主要的时间花在聚焦目标上。首先，对齐领导的目标，确保工作方向与公司保持一致；其次，主动了解协同部门的目标，以便争取资源，并向他们提供帮助；最后，主动了解团队的目标，实现资源复用并避免与同事发生冲突。"

这种以目标为导向的思路更具说服力，体现了求职者较高的逻辑性。

（4）你能接受加班吗

求职者在面对"是否能接受加班"这个问题时，往往容易陷入困境。有些求职者直接拒绝，理由是上一份工作因加班过多而离职，这种回答可能导致面试无法继续；另一些求职者则过度迎合，声称自己除了工作没有生活，甚至把家搬到了公司附近，这种说法也不妥；还有的求职者采取中庸态度，表示只要公司需要就可以加班，但这种回答缺乏亮点。

实际上，面试官提出这个问题的潜台词是：入职后可能需要加班，你是否还愿意加入公司？以此考察求职者的态度和抗压能力。同时，求职者也可以通过这个问题判断公司是否适合自己。如果公司明确表示加班很严重，求职者可以根据自身情况选择是否加入。

求职者在回答此类问题时可以传递三层意思：一是表达对加班的态度，二是表明自己具备抗压能力，三是说明自己有高效工作的方法，不会无效加班。

例如，求职者可以这样回答："我对加班有清晰的认识，这个行业竞争激烈，有时需要付出更多努力。我之前的工作压力也不小，但我有一套高效工作的方法，会尽量避免无谓地延长工作时间。我想了解一下咱们公司加班的频次和节奏，是项目性还是季节性加班较多？"

通过这种方式，求职者不仅表达了自己的态度，还能够主动了解公司的情况。

此外，求职者需要注意，有些公司可能加班并不严重，只是通过这个问题考察求职者的抗压能力。因此，求职者不要一听到"加班"就认为公司加班特别严重，可以借此机会与面试官探讨公司的真实情况。

（5）你为什么选择我们公司

很多求职者在面对这个问题时可能会回答"因为公司的薪资高""想来学习""公司离家近"或"是你们打电话让我来的"等。这些回答都缺乏深度和针对性。

面试官提出这个问题主要是想考察如图 4-4 所示的三点。

图 4-4 "你为什么选择我们公司"的提问动机

①求职者是否提前了解了公司

很多求职者接到了电话就来面试，对公司一无所知，这显示出了他们对自己职业选择的不负责，也让面试官对其未来的工作表现产生怀疑。

②求职者的求职动机是否与公司匹配

面试官希望了解求职者加入公司的真正原因，是否与公司的价值观和发展方向一致。

③求职者的选择是否经过深思熟虑

面试官不希望求职者是随意选择面试机会的人，而是经过认真思考、有明确目标的人。

基于以上三点，求职者可以按照以下两个步骤应对这个问题。

第一步，提前了解公司情况：包括公司的行业背景、核心产品、最新动态、融资情况及团队构成等。这些信息可以通过公司官网、行业新闻、社交媒体等渠道获取。

第二步，找到一个切入点作为选择的依据，结合个人特征表达加入意愿。这个切入点可以是产品、团队、企业文化等。例如，从产品角度切入可以说："我是公司产品的忠实用户，上学时就开始使用公司产品并一直关注公司动态。我希望从设计者的角度深入了解我喜欢的产品。"

从团队角度切入可以说："我了解到公司的高层管理团队是连续创业者，他们的创业热情让我深受鼓舞，我喜欢与有冲劲、有理想的人共事，这也是我选择加入公司的原因。"

无论从哪个角度切入，只要让面试官感受到求职者做了充分准备，这个问题就容易回答了。

（6）如果试用期发现不合适，怎么办

这个问题实际上是面试官对求职者稳定性的考察。面试官可能在面试过程中感受到了求职者的一些不稳定性，或者在求职者的过往经历中看到了一些不稳定的因素，因此希望通过这个问题了解求职者这次求职是否已经做好了准备，从而打消顾虑。

例如，求职者可以这样回答："我选择工作时非常谨慎，对于自己到底适合做什么样的工作做过充分的思考，并且在面试过程中与公司进行了深入沟通。所以，我相信当我做了充分准备之后，出现到了试用期发现不合适这种情况的可能性非常小。但我也想坦诚地跟您沟通，如果试用期真的出现与预期不符的情况，我肯定会先从自己身上找原因，如是否对公司情况了解不够深入，我可能会找到您或HR了解一下情况，可能信息了解多了，这个误解也就打消了。如果经过一段时间的工作后，我还是觉得自己不太适合这个职位，我肯定会跟公司和您坦诚沟通，看是否有职位调整的可能性。"

这样的回答既给面试官传递了安全感，又显得有理有据、坦诚大方。

（7）你喜欢什么风格的领导

求职者听到这个问题的时候，先不要开心，这一定不是一道选择题。HR可能是在帮助领导挑选合适的下属。如果提问者是求职者未来的直接领导，那么他可能是在寻找与自己风格契合的人。

假如求职者听到这个问题之后，直接表示喜欢亲和力强、懂下属的领导，而未来的上级恰好是关注事务且较为强势的类型，可能会让对方觉得求职者不成熟，管理成本过高。所以，这个问题是一个开放型问题，没有标准答案，最重要的是求职者要把自己的专业性和成熟度呈现出来。以下三种回答思路，求职者可以根据自身情况选择。

思路一：听话型，适合刚毕业或工作3～4年的职场新人。

"我工作时间不是很长，很珍惜与领导共事的机会。他们是我学习的榜样，我知道他们能够坐到这个位置，一定有过人的地方。我有个准则，就是领导安排的任务坚决执行和拥护，即便我有意见，也会事后再找领导沟通。我希望能够在领导的指导下学习和反思，真正帮助到领导和团队。"

思路二：讨巧型，适合工作5年以上的成熟职场人。

"我过往有三段工作经历，接触过不同风格的领导。无论在哪家公司，我和领导配合得都很好。我觉得领导的风格其实不太重要，重要的是我们能不能把事情做好。我的原则是一定要和领导保持充分的沟通。不管什么类型的领导，都担心下属做的事情和他们的想法不一致，或者很多重要的信息没有及时同步，所以我相信只要我能够换位思考，多站在领导的角度理解他，并做好沟通，配合上就不会存在问题。"

思路三：圆滑型，适合对面试游刃有余的职场高手。

"谢谢您问我这个问题。做下属的都希望能有缘分遇到一个会识人、善用人的领导。有的人真的是因为跟对了领导，少走了很多的弯路。我自己期待的领导风格其实不是一种风格，而是一种互相认同、互相支撑的相处方式。我知道当领导太不容易了，承担的压力比我们更大。同时，我也期待自己能跟着新的领导一起做点事情。您方便分享一下咱们部门的领导对下属是怎样的期待吗？"

总之，求职者在回答这个问题时，无须明确描述具体的领导风格，重点在于表达出自己的态度和合作意愿。

（8）我看你比较内向，平时是怎么和人沟通的呢

在被面试官认为性格内向时，求职者不要急于否认或反驳。面试官提出这个问题的本质是担心沟通效率，因此求职者应将内向转化为职场优势。

求职者可以这样回答："您观察得很对，我确实不是特别外向，但我的内向反而让我更擅长用行动支持团队。在上一份工作中，我会主动观察同事的需求，提前准备项目资料，遇到分歧时更倾向于用数据和方案推进沟通。内向让我更专注于结果，过去两年我连续获得绩效 A，还晋升了两次，团队中的其他成员都反馈与我合作既高效又省心。当然，我也具备性格弹性，在需要活跃的场合能够切换状态，如上周跨部门宣讲就是我主导的。从长期来看，我相信职场靠实力说话，内向让我更懂得深度思考和倾听。所以我感激自己是内向的。"

这种表达方式更能让人认同和接受。内向型的人无须强迫自己变成外向型，而是要认同并发挥自己的内向优势。

（9）你理想的工作是什么样的

这个问题主要考察求职者的底层动机和价值观，以及这些是否与公司相匹配。因此，求职者应提前了解这家公司，找到与该公司相关联的那个点，可能是企业文化、业务状态，也可能是发展方向。

例如，面对一家快速发展的创业公司，求职者不能说理想的公司是相对稳定的，而应表达出自己希望在充满挑战的环境中不断成长的意愿。求职者可以这样回答："我理想的工作不一定要很稳定，但要有发展潜力和挑战机会。如果创业公司能提供这样的机会，那就是我的理想工作。"

3. 4 个"性价比"经典面试问题拆解

（1）你的期望薪资是多少

求职者在面对"期望薪资"这一经典面试问题时，需要注意以下几点，如图 4-5 所示。

图 4-5　回答"期望薪资"问题时的注意事项

①**把握时机**

不要过早谈论薪资，要根据面试进程选择合适的时机。在面试初期或第一通电话中，求职者不应主动讨论薪资问题，而应在面试的中后期或谈 offer 阶段再进行薪资谈判。

②**选择对象**

不要随意与业务线领导或第一个面试官讨论薪资问题，这可能会影响面试的进程和结果。

③**了解薪资构成**

提前了解自己的薪资构成，包括基本工资、奖金、加班费等，避免在面试现场临时计算或遗漏重要部分。

④**预判对方情况**

提前了解公司的薪酬结构和市场情况，预判可能的薪资范围，以便更好地进行谈判。

如果面试官在面试初期询问期望薪资，求职者应意识到对方是在初步判断预期薪资是否与公司预算相匹配。如果在谈 offer 阶段被问及薪资问题，说明公司有意向录用求职者，此时可以更详细地讨论薪资待遇。求职者需根据场景灵活应对。

如果面试官问"为什么你觉得自己值这个薪资"，求职者不要将其视为挑衅，而是要自信地给出理由。

求职者可以这样回答："我觉得自己值这个薪资有两个原因。第一，我在上家公司的薪资是 20 000 元，而且我目前在市场上已经拿到了两家公司 22 000 元的 offer，这说明我的薪资水平是经过市场验证且符合预期的。第二，我有 5 年销售经验，擅长与政府部门和金融行业合作，积累了大量的客户资源，这些资源对公司很有价值，我相信自己能够为新公司创造价值。以上是我觉得自己值这个薪资的原因，谢谢您。"

（2）如果给不到你想要的薪资，你还会来吗

面试官提出这个问题有两个意图：一是判断求职者是否将该公司作为首选；二是评估求职者的竞争力。因此，求职者需要注意守住两个底线：第一个是底线薪资，也就是求职者能够接受的最低薪资水平，如设定为 10 000 元，就必须坚守；第二个是保证 offer 不丢，因为拿到一个 offer 很不容易，所以回答时不要说"有可能不来"，那么这个 offer 可能就拿不到了。

求职者可以这样回答："我之前和几位面试官沟通得很愉快，也充分了解了公司和行业的要求，我觉得自己与公司的匹配度很高。目前我确实有几个 offer 在沟通中，但如果薪资相差不大，我会优先选择贵公司。不过，我必须诚恳地说明，10 000 元是我的底线薪资，这不仅代表了我的个人价值，也是我求职的基本要求。我非常希望公司能在这方面给予支持。如果薪资低于 10 000 元，我会面临比较艰难的决策。我特别期待公司的答复，也希望能有机会与您共事，谢谢您。"

（3）你手上有其他 offer 吗

面试官提出这个问题通常有两个目的：一是评估求职者的竞争力，二是考察求职者对公司的态度，判断求职者是否会将该公司视为备选。

如果求职者没有 offer，可以直接回答："目前还没有，但我有几家公司正在复试或终面阶段"。

这样既不会显得竞争力不足，也不会给人留下不真诚的印象。

如果求职者手上有offer，但不想透露细节，可以这样回答："我手上有几个offer，但我非常慎重，希望找到最适合自己的平台，我对贵公司的职位很感兴趣，期待能有机会加入"。

求职者在面对这个问题时，千万不要杜撰信息，编造自己有offer，也不要详细透露其他offer的公司名称、薪资和职位等细节，以免给人留下不真诚的印象，让面试官产生顾虑。同时，求职者要强调自己对当前面试公司的兴趣和重视程度，即使手上有其他offer，也要表现出优先考虑这家公司的态度。

（4）如果有更好的offer，你还会选择我们吗

面试官提出这个问题，类似于恋爱中对方希望确认关系的稳定性，他们希望听到的不是简单的"是"或"否"，而是求职者成熟、理性的态度。因此，求职者在面对这个问题时，应展示自己选择公司的底层逻辑和成熟的思考过程。

求职者可以这样回答："我这次求职非常谨慎，有自己的明确标准。首先，我希望新工作能延续我过往五年的行业积累，这是我个人的优势所在，我不想轻易脱离熟悉的行业，而贵公司与我的职业规划高度匹配；其次，我非常看重公司的技术水平和上下游团队的成熟度，贵公司的技术水平在行业内遥遥领先，团队成员背景优秀，非常符合我的期待；最后，贵公司提供的薪资，让我感受到了贵公司对我的认可，综合这三点，我对贵公司的offer很满意。找工作没有'最好的offer'只有'最匹配的offer'，所以如果我收到其他offer，我一定会慎重考虑。"

通过这样的回答，求职者不仅展示出自己经过了成熟、理性的思考，同时也强调了对当前面试公司的认可和期待，让面试官感受到求职者的诚意和稳定性。

4. 11个"认知"经典面试问题拆解

（1）你还有什么想问的吗

这个问题通常出现在面试的收尾阶段。面对这个问题时，很多求职者都会问关于社保、公积金基数等具体的利益问题，这会让面试官觉得求职者过于关注金钱和小利益。还有些求职者会问一些八卦问题，如公司领导的背景或新闻的真实性，这显得不够专业。更糟糕的是，有些求职者直接说"没什么问题"，这会让

面试官觉得求职者缺乏思考。

其实，面试官提出这个问题有三层意图：一是考察求职者的动机，看其是否关注重要问题，而不是只在意个人利益；二是面试官已经对求职者有了初步判断，通过这个问题加深了解；三是尊重求职者，为面试画上圆满句号。

求职者应该提出一些好问题，这些好问题具有以下特点：一是展现良好的沟通能力和成熟举止；二是关注工作而不是薪酬；三是基于对公司的研究，表明自己有准备且对公司有意愿。通过这些问题，求职者不仅能体现自己的软技能，还能展现自己的上进心和准备充分的态度。

在这个环节，求职者可以提出表 4-6 中所示的几类问题。

表 4-6　求职者可以提出的几类问题

问题类别	问题示例	问题目的
职位相关问题	这个职位是新增的吗？公司对这个职位有什么期待	表明求职者关注工作内容和公司期望
公司战略问题	我看到公司 CEO 提到未来一年的战略，这个职位是否与之相关	表明求职者提前了解了公司动态
行业竞争问题	我们公司的竞争对手最近有新举措，相信公司也看到了，公司有什么应对措施吗	表明求职者关注行业动态
企业文化问题	可以介绍一下公司的企业文化吗	表明求职者在乎工作氛围
面试官背景问题	您当初是如何被公司吸引的	需注意提问时机和方式，避免让面试官感到唐突
团队架构问题	团队目前的组织架构和工作氛围是怎样的	表明求职者关注未来工作环境

（2）你对这个职位怎么看

这个问题主要考察求职者对职位的理解，类似的问题还包括"你对这个职位是怎么理解的"等。面试官提出这类问题的目的是考察求职者对职位的认知，以及是否具备胜任该职位的能力。

求职者如何表达对职位的理解

角色定位： 求职者要明确该职位在公司中的作用。例如，行政文员可以被定位为"公司的基石""团队的大后方"或"服务者"，财务人员可以被定位为"公司的财务管家"，风控人员可以被定位为"风险的守门人"等。通

（续）

> 过比喻的方式，可以让面试官更直观地理解求职者对职位的认知。
>
> **核心职责：** 求职者要结合职位描述，说明自己对职位核心职责的理解。例如，如果求职者应聘的是销售团队的文员，可以强调自己会帮助销售团队解决文档规范、商务合同处理等问题，同时也会支持客户活动和大型项目。
>
> **价值贡献：** 求职者要表达自己对职位的价值贡献，如"我会通过高效的工作，帮助团队达成目标"或"我会通过风险识别和防范，确保公司运营的合规性"。

总之，求职者在回答这类问题时，要基于职位描述结合自己的理解，用简洁明了的语言表达出职位的角色定位、核心职责和价值贡献，让面试官感受到求职者对职位的清晰认知和胜任能力。

（3）你过往工作中经历过的最大失败是什么 / 你工作中最大的失误是什么

求职者在面试中被问及最失败的一次经历时，可能会感到为难。有的求职者觉得自己从未失败过，而有些求职者则可能提到一些重大的失误，如财务人员因算错账给公司带来了巨大损失。然而，面试官真正想考察的是求职者如何处理困难、应对失败的能力，以及从失败中学习和成长的能力。因为职场中不可能一帆风顺，管理者管理不服管的员工、新员工不适应环境等情况都属于失败。

求职者在回答此类问题时，需要注意以下两点：一是要直面问题，不要回避失败，但要避免提及致命的工作失误；二是用讲故事的方式描述失败经历，包括"起、承、转、合"四个要素，即背景、发展、转折和结果。其中，结果部分要包含成长和反思，并指向未来的成功，而不是单纯地诉说失败以博取同情。

一位求职者曾这样分享自己当主管第一年的失败经历。

"我最大的失败经历发生在我当主管的第一年。当时我对管理的理解很片面，以为只要把工作分配下去，事情就能顺利推进。那段时间，我们正好在做一个很重要的项目，我把它分给了团队里的四个成员，并且详细交代了他们各自的任务要求。然而，事情并没有像我预想得那样顺利。两周后，当我们准备验收项目进度时，我发现有两个成员在执行任务时完全误解了我的意图，他们的工作方向与我预期的完全不符。虽然我们及时发现了问题，并迅速采取措施弥补，但整个项目的进度还是受到了很大的影响。

这次经历让我意识到，管理绝不仅仅是分配任务那么简单，信息传递的准确性和过程中的跟踪反馈同样重要。从那以后，我开始系统地学习管理方法。在分配任务时，我会更加注重确认信息的准确性，确保团队成员能够准确理解我的意图。同时，我也会在项目推进过程中进行跟踪，及时发现并解决问题。

如今，我已经当了五年的管理者，这样的问题再也没有出现过。

这次失败的经历反而成了我成长的契机，让我从一个对管理一知半解的新人，逐渐成长为一个成熟的管理者。它让我明白，失败并不可怕，只要我们能够从中吸取教训，不断改进，失败就会成为我们前进的动力。"

无论是管理者还是普通员工，都可以从自己的经历中找到类似的失败案例。大家可以回想一下，自己之前做事情的方式是什么，犯过什么错误，后来是怎样弥补的，最后产生了什么样的变化。把这样的失败讲述清楚了之后，就会呈现出一个积极上进、善于思考和成熟的职场人形象。

（4）你的优点和缺点

这是很多求职者特别害怕被问到的问题。一方面是想不起来优点，或者只能想到一些常见的、缺乏特色的优点，如"勤奋努力""乐观开朗"等；另一方面是担心说出缺点会被面试官否定，因此要么想不出缺点，要么用优点来包装缺点，如"过分追求完美主义"，这样说显得很不真诚。

面试官问优点和缺点的底层动机

动机一：评估求职者的自我认知。面试官希望了解求职者是否对自己有客观的认识，而不是盲目夸大优点或忽视缺点。例如，有的求职者自认为没有缺点，或者对自己的能力过度自信，这并不是面试官希望看到的。

动机二：匹配职位需求。面试官会关注求职者的优点是否与目标职位的需求相关。例如，财务职位的任职者需要细心、销售职位的任职者需要具有洞察力。

动机三：评估缺点的影响。面试官更关注求职者的缺点是否可控，是否会成为职业发展的制约因素。例如，应聘人力资源职位却不喜欢与人打交道，这就是一个致命缺点。

那么，求职者应该如何介绍自己的优点和缺点呢？可以按照以下步骤进行。

① 介绍优点的结构

第一步，找到与目标职位相关的个人特质。例如，销售职位的任职者需要具有洞察力，分析师需要具有逻辑能力。

第二步，通过简短案例或具体理解证明自己具备这些特质。

介绍优点的示例

销售职位示例：

"我的最大优点是势在必得的决心和对人性的洞察力。从小我就有不服输的性格，这让我在学习和工作中一直表现优秀。在销售工作中，我能够敏锐地洞察客户需求，从而取得优异的业绩。"

运营职位示例：

"我的最大优点是善于整合资源。在运营工作中，我经常需要在时间、人力、财力有限的情况下完成任务，但我乐于整合各部门资源，最终达成目标。同事们也对我的这一能力给予了高度评价。"

---

② 介绍缺点的结构

第一步，选择一个非致命的缺点或能力短板。

第二步，说明自己正在尝试改进的方法，让面试官感受到缺点是可控的。

介绍缺点的示例

销售职位示例：

"我的最大缺点是有时会意气用事。例如，我曾因同事被客户投诉而替他鸣不平。但后来我意识到，作为销售人员，需要从客户的角度出发考虑事情。现在，我会切换到客户视角，避免急于评判。"

运营职位示例：

"我的短板是大团队协作。我之前所在的团队规模较小，最多时只有二三十人协同工作。现在我希望通过向前辈请教，提升自己在大团队中的协作能力。这也是我想要加入贵公司的原因之一，因为这里能为我提供更多的学习机会。"

求职者在回答优点和缺点时，要结合职位需求，突出与目标职位相关的特质。优点要通过具体案例或理解来证明，缺点要选择非致命的，并说明改进方法。最重要的是，要保持真诚，避免过度包装自己。

（5）你没有相关经验，怎么能胜任这个职位呢

求职者面对这个问题时，可以采取"三步走"的方法来回答：第一步，表达认同；第二步，强调匹配点；第三步，呈现意愿和准备。

求职者可以像下面这样回答。

"我在过去三年中一直从事 To C（面向消费者）业务，所以没有直接参与过 To B（面向商业客户）业务的经历。但是，在我的过往工作中，To B 客户是我们的潜在客户群体。因此，在从事 To C 业务的过程中，我也积累了大量服务 To B 客户的经验，尤其是在我简历中的 A 项目和 B 项目中，这些经历让我在 To B 领域中也积累了不少经验。当然，未来我还需要继续提升这方面的能力，因此我希望加入贵公司。

为了实现这个目标，我提前做了很多研究，在心理上也做好了充分准备。我希望加入贵公司之后，能够更好地发挥我之前积累的经验。虽然目前 To B 行业经验可能不是我最大的优势，但我相信，凭借我过往的经验积累和能力迁移，只要花上三四个月的时间，我就能够胜任这份工作。"

这样的回答既没有回避问题，又大方地展示了求职者的优势和积极态度。

（6）你的核心优势是什么

求职者在回答这个问题时，要注意避免表达出过于宽泛或与职位无关的内容，如"什么都具备"或"工作积极、沟通表达能力好、学习能力强"等，这些回答缺乏亮点，而且不够诚恳。

面试官提出这个问题的目的是：考察求职者对自身核心优势的认知是否清晰，以及这些优势是否与目标职位的需求相匹配。同时，面试官可能会通过比较不同求职者的核心竞争力来决定录用谁。

求职者可以按照以下三个步骤回答这一问题。

第一步，明确与目标职位职责相关的竞争力。通常选择两点即可，建议"一硬一软"结合。硬技能如专业知识、工作经验等，软技能如沟通能力、团队协作

能力等。

第二步，用具体的案例或经验证明自己具备这些竞争力。

第三步，确认这些核心竞争力对工作有实际帮助。

回答"核心竞争优势"的示例

销售职位示例：

"我的核心竞争力主要有两个：第一，我有丰富的行业经验（硬实力）；第二，我拥有对客户的洞察力（软实力）。我在电商行业已经深耕了 10 年，经历了各种不同的营销方式，过往的业绩也都不错。我对客户的洞察力，是从我刚入行的时候就开始积累的。一直以来，我都保持着对客户的长期分析，深入了解他们的状态，因此我对客户的需求非常敏感。去年，我们公司的 ×× 产品就因为我的一个建议进行了调整，市场反馈非常好。这个例子很好地证明了我确实具备洞察力。我的这两个核心竞争力与咱们公司这个职位的需求非常匹配。我希望能继续发挥自己的优势，在这个平台上创造更大的价值，也相信我的核心竞争力在这里能够得到充分的发挥。"

财务职位示例：

"我的核心竞争力主要有两个：第一，我有 A 股上市的经验（硬实力）；第二，我有严谨的工作态度（软实力）。在上家公司，我完整经历了上市前后的财务流程。当时，我们还聘请了非常知名的财务咨询公司来协助我们。这段经历让我积累了宝贵的经验，能够帮助咱们公司在未来上市过程中少走一些弯路。我一直对自己有着严格的要求，因为财务工作容不得一点小差错，一个小失误就可能会带来很大的麻烦。这种严谨的态度让我能够很好地提前规避风险，确保工作的准确性和可靠性。总的来说，我的两个核心竞争力非常契合咱们公司当前的需求，我相信能够为公司的发展贡献自己的力量。"

（7）可以分享一个你的高光时刻吗

求职者要从过往职场中找出高光时刻，而不是仅限于考研或高考成功。

面试官提出这个问题主要有三个目的：一是评估求职者的行为风格和心智模式；二是通过过往行为预测未来表现，有成功经历的人通常能力更强；三是了解成就感的来源，从而判断求职者的底层动机。

求职者可以按照以下三个步骤进行回答。

第一步，发现价值事件，从过往的工作经历中找到符合社会主流价值且有意义的案例。

第二步，挖掘闪光点，运用 SMART 原则进行分析和梳理。

第三步，在细节中展现动机，具体阐述事件中的行为、想法和感受，避免泛泛而谈，让面试官感受到求职者的努力和成就。

我辅导过的一位家电企业的光源工程师在回答这个问题时是这样说的。

"我的高光时刻发生在去年。当时，公司业务出现下滑，业务一线的同事们压力很大，公司从上到下都在努力寻找突破点。作为光源工程师，我平时的工作大多是被动的，通常是根据销售部门的要求为客户配置光源产品。然而在那段艰难时期，我主动研究了市场上竞争对手的产品，发现我们的产品指标其实并不逊色。于是，我萌生了一个想法：开发一个小程序，帮助前端销售人员实现不同光源的配置和参数设置，这样就可以提升他们的专业度。我找到一位研发同事合作，我们花了一个月的时间上线了这个小程序。虽然最初它比较简陋，但使用效果非常好，极大地提升了销售效率，也为业务一线的同事们带来了很大的信心。直到现在，这个工具仍在被销售团队使用。每当我回想起这件事，仍然会感到满满的成就感。"

（8）可以评价一下你今天的面试表现吗

在面试即将结束时，面试官可能会要求求职者对自己的面试表现进行评价。面对这个问题，求职者要清楚面试官的意图：一是考察求职者的自我认知是否客观，二是了解求职者的性格，如谦虚、自信、自负等。因此，求职者回答的重点不在于分数，而在于解释理由。

如果求职者给自己打分，7～8 分是比较安全的选择。6 分是及格线，低于或等于 6 分就可能意味着对自己不满意或缺乏自信；9 分和 10 分则容易让面试官觉得求职者过于自负，不够谦逊，尤其是 10 分，可能会让面试官觉得求职者对自己没有要求，不够上进。

求职者在说明打分理由时要客观且真诚，可以采用"优点＋不足＋感激"的表达公式。

"我给自己今天的面试表现打 8 分。我觉得我有两点做得比较好：第一，我清晰地呈现了过往的项目经验，并感受到了您的认可；第二，我提前对公司做了充分研究，能够快速理解公司需求。扣 2 分是因为我觉得如果再给我一次面试机会，我肯定能做得更好。如今天对于 ×× 技术的理解，因为长时间没用而有点生疏。您今天的面试让我受益匪浅，也很期待未来能与您共事。"

（9）可以聊聊这个项目吗

通过让求职者描述过往项目或经历，面试官可以评估他们的专业能力和未来解决问题的潜力。在提问过程中，面试官会通过"剥洋葱"的方式，层层深入挖掘细节，希望听到求职者真实、有条理的回答，而不是编造的内容。

描述项目或经历时的常见误区

过于详细： 有些求职者会花费大量时间讲述项目细节，却抓不住重点，导致面试官失去兴趣。

表达不清： 有些求职者在讲述项目时支支吾吾，无法清晰表达，会给面试官留下不好的印象。

这个问题既考察求职者的硬技能，也就是能否完成任务的专业能力；也考察软技能，也就是能否清晰总结自己的工作。所以，面试者也应按照"剥洋葱"的方式向面试官描述核心内容，提供比较完整的信息，面试官可能基于这些信息中的某一个小点进一步提问，但通常不需要面试官去猜测或补充。

描述项目或经历时的回答技巧：STAR 模型

背景（Situation）： 简要介绍项目的背景，如公司为何开展这个项目。

任务（Task）： 说明自己在项目中的角色和任务，如需要解决的问题或达成的目标。

行动（Action）： 描述自己采取的具体措施和方法。

结果（Result）： 呈现项目的成果和价值，包括数据提升、业绩反馈或个人成长。

求职者用 STAR 模型描述了一个"校园招聘"项目。

"去年，我们公司希望团队年轻化，同时为新业务线储备人才，因此启动了校园招聘项目（背景）。任务是招聘 100 名来自全国顶尖大学的优秀毕业生，我担任项目经理。准备时间是一个月（任务）。我采用了各城市站任命站长的方式，把全公司的资源都纳入到了校园招聘项目中来，分别做了这三件重要的事情：第一件是……第二件是……第三件是……（行动）。最后，我们超额完成任务，发出 150 个有效 offer，有效到岗 105 人。这个项目为公司次年新业务开展提供了充足的人员储备，我也通过这个项目锻炼了自己独当一面的能力（结果）。"

（10）如果背调，你觉得你上家公司的领导会对你这份工作提出哪些建议

类似的问题还有"你猜想你之前的领导会怎么评价你"等。这其实是一个认知类问题，考察的是求职者的自我认知是否与领导的认知相一致，以及求职者如何评估自己。这类问题没有标准答案，面试官不会真的去问求职者的前任领导，而是通过求职者的回答，判断求职者是否能清晰地认识到自己在领导心目中的印象。

因此，求职者在回答时，应该选择对自己有利的部分进行表述，强调自己在工作中的优点和积极表现，同时也可以适当提及一些小的、无伤大雅的不足，并说明自己正在努力改进。这样既能展现求职者的自我认知能力，又能体现求职者的谦逊和成长性。

（11）你的兴趣爱好是什么

面试官提出这个问题的动机主要包括两个方面：一方面是了解求职者的个性，判断其是否适合公司文化；另一方面是了解这些兴趣爱好塑造了求职者哪些能力，这些能力是否和职位需求相匹配。

因此，求职者在介绍自己的兴趣爱好时，不要只是简单列举，而是要重点说明这些兴趣爱好如何塑造了自己。例如，求职者应聘新媒体运营岗位时可以这样说："我平时喜欢关注社交媒体热榜和热点事件，还会从中寻找选题，××平台都快成了我的选题库！"

5.8 个"混合性"经典面试问题拆解

（1）你任职过两家公司，你觉得哪家更好

对于这个问题，求职者不能简单地实话实说，也不能直接比较两家公司的福利或资源。

面试官提出这个问题的潜台词

考察认知： 面试官想了解求职者判断"好"的标准是什么，是福利、管理还是成长？这背后反映的是求职者的价值观。

考察匹配度： 如果求职者夸赞的是"产品驱动型"公司，而应聘的公司是"销售导向型"的，那么求职者就可能与应聘公司不匹配。

考察稳定性： 如果求职者说"上一家公司好，因为文化好、压力小"，但应聘的公司加班较多，面试官可能会立刻警惕。

求职者需要找到与应聘公司匹配的点，并呈现出积极向上的价值观，可以采用"成长视角 + 客观描述 + 反向匹配"的高情商回答方式。

求职者可以这样回答："两家公司的风格不同，但都让我受益匪浅。A 公司流程规范，培养了我的体系化思维；B 公司节奏快，锻炼了我的抗压能力。如果一定要说，我更倾向 B 公司（选择与应聘公司特质接近的），因为我当时参与了一个从 0 到 1 的项目，虽然压力大，但让我学会了在资源有限的情况下推动结果。这也正是我看重贵司的原因。我知道咱们公司发展非常快，这时需要我敢冲敢拿结果，我很期待这种挑战。"

求职者要记住：面试不是"真心话大冒险"，而是要用过去的经历讲述一个"为什么我们最合适"的故事。

（2）你的管理风格是什么样的

求职者在面试中被问及管理风格时，需要谨慎作答。一方面，管理风格并没有绝对的对错之分，最重要的是求职者应提前了解目标公司的企业文化。例如，如果公司注重结果导向，而求职者强调民主、松散的管理方式，可能会与公司文化产生冲突。另一方面，这类问题较为抽象，求职者一定要结合具体案例作答，不要泛泛而谈，以免引起面试官的质疑。

求职者可以采用"管理风格＋理解＋案例"的表达结构。例如，求职者可以这样回答："我倾向于民主型的管理风格（管理风格）。在决策时，我会与团队充分讨论，这样既能促进信息交流，又能避免一言堂。在我的过往项目中，我都会通过召开项目启动会的形式推动工作（理解）。如简历中的 A 项目，正是因为我在启动前召开了民主会议，让团队成员畅所欲言，我才能深入了解一线同事的困难和想法。最终，这个项目获得了 100% 的好评，这也是我的民主型管理风格取得成效的体现（案例）。"

此外，求职者还可以根据自己的实际情况，选择其他管理风格，如教练型或结果导向型，并结合具体案例进行阐述。

（3）如果和下属发生意见冲突，你会怎么办

这个问题考察的是求职者的管理能力和应对冲突的能力。

求职者可以采用"陈述观点—说明理由—举例说明—总结观点"的 PREP 结构进行回答，以完整呈现自己的管理能力和应对冲突的能力。

求职者可以这样回答："管理者与下属产生分歧是很常见的事情，因为每个人看待问题的角度不同。关键在于谁的观点对业务更有利（陈述观点）。下属通常基于自身职位和掌握的信息做出判断，而我会从更全面的角度出发。因此，当分歧出现时，我不会急于争对错，而是让双方呈现各自的信息和依据（说明理由）。例如，我会分享领导和客户的意见，同时倾听下属的判断依据。通过信息共享，我们可能会发现观点趋于一致，或者发现对方的观点更正确，我会选择对业务更有利的方案。当然，也有可能我的决策更全面，这时我会向下属解释原因（举例说明）。总之，我不愿意凭借管理者的权威去强迫下属顺从，而是通过信息整合和权衡得失做出准确判断。这不仅能解决分歧，也是判断管理者成熟与否的重要标志（总结观点）。"

（4）如果你和领导意见不一致，你会怎么办

这个问题看似棘手，实际上面试官想考察的是求职者解决问题、分析问题、沟通及管理的能力。这绝对不是一个简单的问题，那么求职者应该怎样回答呢？正确的思路是三步走：第一步，找原因；第二步，做选择；第三步，合理表达。

求职者可以这样回答:"出现与领导意见不一致的情况是难免的。我会先详细分析分歧产生的原因,是不是立场不同、信息不对称,或者优先级有差异(找原因)。明确原因后,我会基于此寻找解决方案。例如,我会主动弥补信息差,或者结合双方的想法提出新的建议。最后,我会选择合适的时间与领导沟通(做选择)。分歧并不可怕,很多时候是因为表达和态度有问题。我会心平气和地准备好相关素材,向领导说明我的想法。如果领导依然坚持他的意见,我会选择执行,因为我相信他掌握的资料可能比我更全面(合理表达)。"

(5)你在这个行业中最大的收获是什么

面试官提出这个问题的背后有两个动机:一是想了解求职者对收获的认知,如物质、成长,只有你在乎什么,才会把什么当成收获;二是看这些收获是否与目标公司相关,如求职者的能力是否能为公司所用,过往成果是否是公司关注的。

求职者可以从以下两个角度回答问题。

第一个角度:选择一个与目标公司职位相关的正向动机。例如,求职者之前在教育培训行业从事课程制作工作,现在应聘教研开发职位,可以这样回答:"我在原行业最大的收获是成功制作了五个高质量的热门课程,并形成了一整套教研开发体系,这与贵公司的需求高度契合。"

第二个角度:结合目标公司关注的方面,讲述与职位关联度高的案例。例如,如果应聘运营职位,求职者可以这样回答:"我在原公司通过创新运营思路,成功提升了用户活跃度和留存率,这些经验与贵公司的运营目标一致,我相信能为贵公司带来价值。"

总之,这类问题没有标准答案,只有最合理的答案。求职者要根据目标公司和职位需求,合理展示自己的收获和能力。

(6)如果领导批评你,你会怎么办

求职者可能会被问到如何应对领导的批评。这可能暗示公司的领导风格比较强势,甚至可能有员工因为无法承受批评而离职。面对这样的问题,求职者无须解释自己从未与领导发生冲突,也不必表现出对冲突解决的担忧,只需要把自己的思路讲清楚就好了。

"我认为与领导之间的冲突往往源于双方立场不同。站在领导的角度，他可能看不到一线执行中的困难，而我也没能站在他的角度去思考问题，双方可能只是缺乏信息的互换。如果领导批评我，那可能意味着我需要向他提供更多的背景信息，帮助他做出更准确的判断。在职场中发生冲突很常见，不仅可能发生在上下级之间，也可能发生在同级之间。面对这种情况，我不会用情绪对抗情绪，而是会尝试理解对方情绪背后的原因，并通过具体行动来化解。对我来说，与领导产生冲突并不可怕，重要的是如何在冲突中建立更好的互动和信任。我相信凭借自己成熟的沟通能力和向上管理能力，能够妥善解决这类问题。"

（7）我为什么要选你

面试官提出这个问题主要是为了考察求职者与公司的匹配度。所以，求职者可以从以下三个方面强调匹配度，如图4-6所示。

图4-6 强调匹配度的三个方面

第一个是行业匹配，强调自己在相关行业的经验。

"我在销售领域工作了十年，主要服务政府行业客户，对这一领域的需求非常熟悉。"

第二个是专业匹配，突出自己在专业领域的成就。

"我在过往的销售工作中，连续在多家公司获得'销售冠军'称号，这证明了我出色的业绩和拿结果的能力。"

第三个是差异化优势，分享自己与其他人不同的优势。

"由于我在××行业积累了十年经验，我整理了一份全行业高级别客户的清单，如果加入贵公司，我可以直接利用这些资源为公司带来价值。"

通过行业匹配、专业匹配和差异化优势这三点，求职者可以精准地表达自己适合该职位的原因。

（8）这次找工作你最看重什么

求职者在面试中被问及"这次找工作你最看重什么"时，需要避免以下误区：

一是回答过于功利，如"钱多事少离家近"；

二是回答过于空泛，如"我想学习成长"；

三是表现得没有主见，如"只要公司要我就行"。

面试官提出这个问题主要有三个动机：一是求职者的需求是否与公司能提供的条件相匹配；二是求职者的职场价值观是什么，判断其是否与团队风格契合；三是求职者是否有清晰的职业规划，试探其稳定性。

因此，求职者可以采用"发挥能力＋需求匹配＋文化共鸣"的公式来回答。如果求职者应聘的是策略运营职位，他就可以这样回答："作为一名专业人员，首先，我关注的是这个职位能否发挥我的数据分析能力，快速为团队创造价值（发挥能力）；其次，我希望能在数据结合策略分析方面持续提升，这恰好是贵公司这个职位能提供的（需求匹配）；最后，我很看重开放协同的文化，这与我的工作风格高度契合（文化共鸣）。"

求职者要将个人诉求"包装"成一个双向奔赴的承诺，让面试官觉得求职者既踏实又有想法。

三、薪资谈判：如何在面试中谈薪

薪资谈判是求职过程中的关键环节。对于职场人来说，起薪非常重要，它可能影响到未来一段时间内的薪资水平，直接关系到个人的实际利益。因此，求职者必须非常重视薪资谈判。

如何使用 AI 工具应对薪资谈判

第一步，用 AI 工具做好薪资谈判的前期准备。

利用 AI 工具分析目标职位的市场薪资数据，包括城市、行业、职位名称、自身经验年限、核心技能、JD 中的关键信息等。

提示词示例：

"帮我分析 2025 年合肥新能源行业'电池研发工程师（5 年经验，硕士学位）'的薪资范围，包括月薪中位数、涨幅区间及年终奖水平，需区分国有企业、外资企业和民营企业的差异。"

第二步，拆解 JD 中的"隐性薪资线索"。

AI 工具可以识别 JD 中暗示薪资的关键词，如"薪资面议""不设上限"等，进而通过大数据给出报价区间的建议。

提示词示例：

"JD 写'薪资高于同行业 30%，提供股票 + 年终分红'，结合我的经验（新能源电池研发 6 年，有 3 项专利），推测合理报价区间是多少？"

第三步，用 AI 工具定制薪资谈判策略。

提示词示例：

"我的当前薪资是 2 万元 / 月（14 薪），跳槽期望涨幅 40%，目标职位是杭州'智能驾驶算法工程师'，帮我制定三级谈判策略，突出我的算法优化成果（降低能耗 15%）。""如果公司预算有限，结合我的职业规划（3 年内成为技术负责人），帮我生成 3 个可替代的薪资谈判方向。"

第四步，用 AI 工具模拟薪资谈判场景。

提示词示例：

"模拟面试官说：'你的期望薪资比我们预算高 20%，你怎么看？'结合我的优势（10 年芯片设计经验，主导过 3 款产品流片），生成 3 种回答方式。"

通过 AI 工具，求职者能更精准地掌握市场数据、制定差异化策略，并通过模拟练习提升薪资谈判的信心。但是，AI 工具只能作为"分析助手"，求职者需要结合自身优势灵活运用，绝不可以直接照搬 AI 工具生成的回答话术。

1. 薪资谈判的三个时间点

求职者在薪资谈判过程中需要注意的三个重要沟通时间点如下。

（1）HR 打来第一通电话时

当 HR 打来第一通电话时，就已经是薪资沟通的开始。求职者可以询问应聘职位的大致薪资预算，例如，"您可以跟我讲一讲这个职位大概的薪资预算吗？"

HR 通常会说需要根据面试表现和个人能力确定。此时求职者可以提及自己目前的年薪，例如，"我现在的年薪大概是 20 万元，不知道这个职位是否能满足我的基本要求。"

这样可以判断公司薪资范围是否与自身需求相匹配。如果公司预算远低于自身预期，求职者就可以考虑是否值得去面试。

需要注意的是，如果是熟人推荐，或者面试机会难得且薪资不重要，就不太适合求职者在第一通电话中询问薪资。

（2）面试结束时

面试结束时，HR 通常会问求职者的薪资预期。这个时候不是谈 offer，HR 只是在问求职者的心理预期，以便决定是否发 offer 及 offer 中的薪资范围。首先，求职者要算好自己上一份工作的薪资情况，给出一个整数概念；其次，求职者可以明确表达对薪资涨幅的期望；最后，求职者还可以反问公司的薪酬结构。

求职者可以这样说："我之前的年薪是 50 万元，月薪 4 万元，年底有 2 万元奖金（整数概念）。这次找工作，我期望薪酬能有 20% 的涨幅（涨幅期望）。我也想了解一下咱们公司的薪酬结构是什么样的？固定薪资和浮动薪资占比如何（反问薪酬结构）？"

这样可以初步了解公司的薪酬体系。

（3）明确谈 offer 时

求职者需要有全面薪酬的概念。薪酬不仅包括基本工资部分，还包括除工资以外的部分，如饭补、租房补贴、社保和公积金基数、差旅补贴等。求职者要综合考虑这些因素。例如，底薪是 1 万元，而求职者期望的是 1.5 万元，看起来是低了，但如果公司提供免费住房、三餐等福利，算下来每个月的底薪可能就超过 1.5 万元了。再如，求职者以为薪资涨了 20%，但如果这家公司缴纳的公积金基数降低了，可能实际收入并没有增加。因此，求职者在谈 offer 时要问清楚所有细节，全面评估薪酬待遇。

总之，求职者在整个面试流程中有三个时间点可以提及薪资，每个时间点的作用不同：第一通电话判断是否去面试，面试结束时表达薪资预期和了解薪酬结构，谈 offer 时则要关注全面薪酬细节。

2. 薪资谈判的三个关键数字

求职者在薪资谈判中需要关注三个关键数字，即底线薪资、预期薪资和锚定薪资。

（1）底线薪资

底线薪资是求职者能够接受的最低薪资水平，低于这个数字可能会影响生活质量或工作意愿。通常情况下，底线薪资可能是求职者原来的薪资，或者略低于原来的薪资，具体需根据实际情况确定。

（2）预期薪资

预期薪资是求职者期望获得的薪资水平，可以根据个人情况、市场行情及同级别同事的跳槽薪资涨幅情况设定。一般来说，跳槽的合理薪资涨幅在20% ～ 30%，预期薪资可以在这个范围内拟定。

（3）锚定薪资

锚定薪资是求职者在第一轮沟通时提出的目标薪资。它通常高于预期薪资，目的是为谈判设定一个较高的起点。

如果求职者目前薪资为 1 万元，预期薪资为 1.2 万元，那么锚定薪资可以设为 1.4 万元。

锚定薪资应基于充分的研究，不能过高或过低。一旦提出，就不要轻易反悔或降低，否则会显得缺乏自信。如果需要降低锚定薪资，应逐步降低，而不是一次性大幅下降。例如，从 1.4 万元降到 1.3 万元，而不是直接降到 1.2 万元。

需要注意的是，HR 可能会压低薪资，但这不是他们的主要职责，只是出于控制人力成本的考虑。求职者可以使用"澄清诉求 + 表达喜欢 + 强调诉求 + 说明原因 + 感谢"的公式来应对。

"公司给我的薪资有点偏低了,我希望您能帮我争取一下(澄清诉求)。我对公司和职位非常感兴趣(表达喜欢),但薪资对我很重要(强调诉求)。如果薪资过低,我的心态可能会受到影响(说明原因)。非常感谢公司给我的机会,希望公司能综合考虑一下(感谢)。"

如果最终薪资低于预期薪资但达到底线薪资,求职者就需要权衡是否可以接受。

3. 薪资谈判的注意事项

求职者在薪资谈判过程中需要注意以下几点,如图 4-7 所示。

图 4-7　薪资谈判过程中的注意事项

(1)保持良好心态

薪资没有绝对的最高或最满意,只要符合预期即可。因此,求职者要设定底线薪资和预期薪资,避免被市场泡沫影响。

(2)学会观察对方反馈

求职者在谈判中要留意对方的语言信号和非语言信号。如果求职者报出一个薪资数字,对方表现得无动于衷,就说明公司可能经常谈类似的薪资;如果对方表现得很惊讶,就说明这个薪资可能超出了他们的预期范围,求职者可以据此调整谈判策略。

（3）注意谈判对象

求职者最好与 HR 进行薪资谈判，不要与业务经理或老员工谈薪资。如果业务经理主动询问薪资情况，求职者可以回答现有薪资，但不要直接谈预期薪资，以免因薪资过高而被对方认为性价比低，从而影响录用机会。

此外，求职者的简历中也不要写明预期薪资，应留到与 HR 谈判时再提及。

（4）进行条件谈判

求职者在谈判过程中不要只关注薪资这一主要因素，还可以引入其他条件进行谈判。

在薪资谈判中引入条件的技巧

巧用离桌策略： 如果求职者对拟定的薪资非常笃定，并且知道对方能够接受，当对方表示薪资过高时，可以暂时离开谈判桌，让对方考虑两天。但这种策略要谨慎使用，一般适用于高管职位或对公司有重要价值的特殊职位。

引入竞争 offer： 如果求职者手上有其他知名企业的 offer，可以将其作为谈判条件，让对方知道需要提高 offer 的竞争力。

争取额外福利： 求职者可以根据自身情况争取一些额外的福利。例如，如果需要从外地搬家入职，可以要求公司提供搬家费用、租房补贴等安家费用；如果因提前入职而损失上家公司的年终奖，也可以要求公司给予一定的补偿。

需要注意的是，进行条件谈判的前提是求职者对公司有一定了解，并且知道自己大概率会被录用。

四、遇到不会的问题该如何应对

求职者在面试中感到紧张的一个常见原因是害怕遇到自己不会的问题。面对这种情况，求职者可以采用以下三种方法应对，如图 4-8 所示。

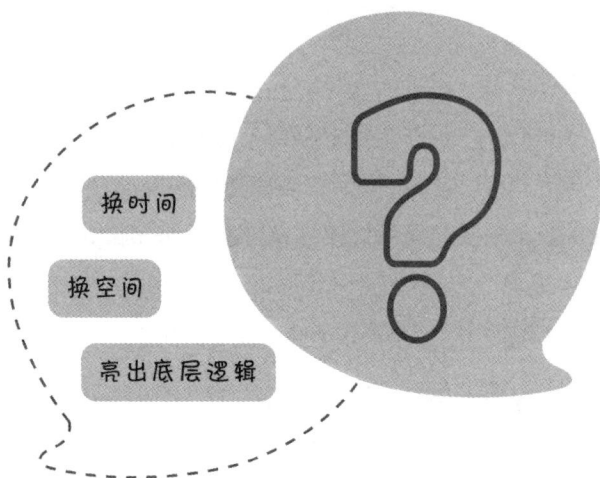

图 4-8　求职者应对不会问题的策略

1. 换时间

当面试官问到求职者不太了解的问题时，求职者可以请求面试官解释一下问题中的概念或关键词。例如，求职者可以这样回答："我不太清楚您说的这个效应是什么，能否请您解释一下？"

这样做可以为求职者赢得思考的时间，缓解因紧张而大脑一片空白的情况。

2. 换空间

求职者可以尝试对面试官的问题进行延展或反问。例如，面试官问求职者是否做过客户运营相关的工作，求职者可以这样回答："我之前的工作是从客户服务转入私域运营的，我想了解一下贵公司客户运营工作是从哪个环节开始的？基本要求是什么？"

通过这种方式，求职者将自己从"答题者"转变为"提问者"，主动引导面试官回答问题，从而缓解紧张情绪，并减少因不会回答而产生的焦虑。

3. 亮出底层逻辑

即使求职者没有直接的经验或知识，也可以通过展示自己的思考逻辑来体现解决问题的能力。例如，面试官问求职者是否做过搬家项目，求职者可以这样回答："我没有做过搬家项目，但我可以这样思考：首先，搬家项目的核心目的是什么？是为了更大的空间、更低的成本还是更便捷的交通？其次，我会联合多个团队和部门共同参与；最后，我会制定完整的预算和周期安排。"

这种方法展示了求职者具备分析问题和解决问题的底层逻辑，即使没有直接经验，也能让面试官相信求职者有能力胜任相关任务。

通过以上三种方法，求职者可以在面试中更好地回答不会的问题，缓解紧张的情绪。

面试是可以**习得**的能力，
打破信息差
助你掌握主动权，
将不会回答的问题
变成**展示自己**
思维方式的窗口。

第五章

复盘跟进：面试后的出击攻略

面试结束并不意味着求职之旅走到了终点，其实真正的较量才刚刚开始。如何正确判断自己的面试表现？要不要主动向面试官询问结果？如何系统复盘，查漏补缺，为下一次面试做更充分的准备？如果同时收到了多个 offer，又该如何选择？面对薪资谈判、入职时间、背景调查，甚至竞业限制等关键环节，如何做出最优决策，确保顺利入职？本章将为求职者提供一套完整的面试后行动指南，帮助求职者提升面试通过率，把握薪资谈判的主动权，并规避可能的求职陷阱。

一、如何正确判断面试结果

面试结束后，等待结果的过程往往令人焦虑。HR 会主动联系求职者吗？有哪些迹象可以判断面试的成败？如果迟迟没有收到结果，求职者是否应该主动询问？如何在不显得唐突的情况下高效跟进呢？

只有找到这些问题的答案，求职者才能更快做出下一步决策，主动掌控求职进程。

1. 如何正确判断这场面试是否通过

面试结束后，求职者会很关心自己是否通过。其实，在面试过程中，一些信号就可以帮助求职者判断面试结果。图 5-1 的 5 个信号，可能意味着求职者的面试表现不错。

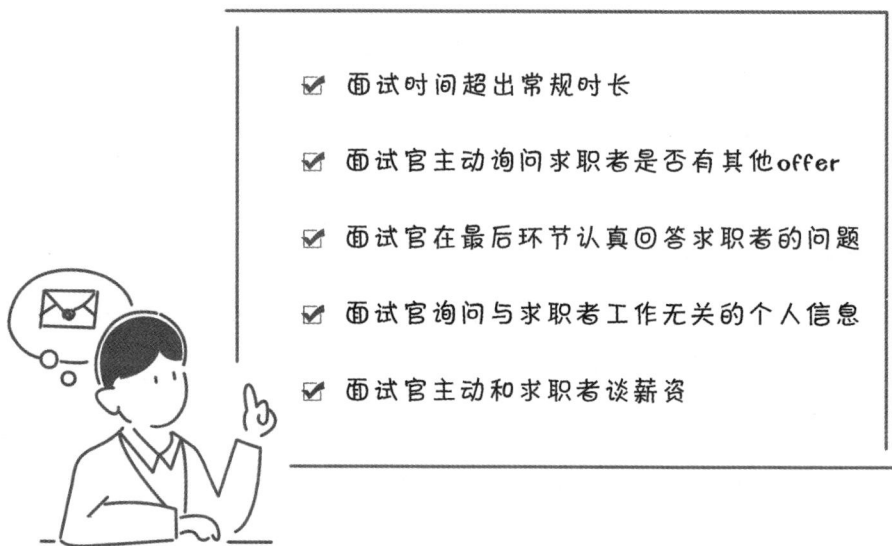

☑ 面试时间超出常规时长

☑ 面试官主动询问求职者是否有其他 offer

☑ 面试官在最后环节认真回答求职者的问题

☑ 面试官询问与求职者工作无关的个人信息

☑ 面试官主动和求职者谈薪资

图 5-1　面试中求职者表现不错的信号

（1）面试时间超出常规时长

一般来说，线下面试时间通常持续 40 分钟到 1 小时，而线上面试时间大多在 30 ～ 40 分钟。如果求职者的面试时间超过 1 小时，那么这可能意味着面试官对求职者很感兴趣，希望更深入地了解求职者。

但是，面试时间长并不一定都是好事。有些时候，这可能意味着面试官对求职者的某些能力存在疑问，需要增加时长来深入考察。此外，一些职务较为敏感的职位，如财务、销售等涉及资金、客户资源或商业机密的职位，往往需要更严格的评估。面试官可能会通过更详细的问答验证求职者的职业操守、风险意识或业务能力，面试时间会相对较长。

因此，求职者在判断面试时长是否代表积极信号时，应结合自身职位特点，避免过度解读。

（2）面试官主动询问求职者是否有其他 offer

如果面试官主动询问求职者是否还有其他 offer，通常说明他们对求职者比较感兴趣，同时也在评估自己可能面临的竞争情况。

在这个过程中，一些面试官还可能会对求职者的其他 offer 进行评价，例如，突出本公司的优势，或委婉地指出其他公司的潜在不足。这种做法往往表明，他们希望增强求职者对本公司的认同感，并提升录用成功的可能性。

（3）面试官在最后环节认真回答求职者的问题

在面试的最后阶段，面试官通常会询问求职者："你还有什么问题吗？"有些面试官只是例行公事，意在结束面试。如果他们表现出极大的热情，认真且详细地解答求职者的问题，甚至主动向求职者介绍公司和团队的情况，这往往说明他们对求职者感兴趣，希望强化求职者的加入意愿。

（4）面试官询问与求职者工作无关的个人信息

如果不是 HR，而是业务管理者主动向求职者询问一些与工作无关的个人信息，如求职者的家乡、兴趣爱好等，这通常意味着求职者的专业能力得到了认可，面试官希望进一步了解求职者，判断求职者是否适合团队文化。

（5）面试官主动和求职者谈薪资

如果面试官主动和求职者谈薪资，通常是一个好信号，代表着他们已经将求职者列入潜在候选人名单。但求职者需要注意，谈薪资并不等于录用，有时候只是为了评估求职者的期望薪资，判断是否进入下一轮面试。因此，求职者不能过早地认为自己已经拿到了 offer，而应该继续保持专业和冷静。

如果求职者在面试过程中察觉到以上这些信号，就可以适当增强信心，并为下一轮面试做好准备。

2. 面试后要不要问结果? 怎么问

判断面试表现只是一个预估,并不代表最终结果。因此,许多求职者在面试结束后都会想:"我该不该主动询问面试结果?"

答案是肯定的。适时主动不仅能展现求职者的积极性和求职意愿,还可能为自己争取更好的机会。但是,询问方式很重要,如果表达不当,就可能会显得过于急切,甚至给HR留下不佳印象。

为了更有效地询问面试结果,求职者可以遵循"面试结果询问5步法",如图5-2所示。

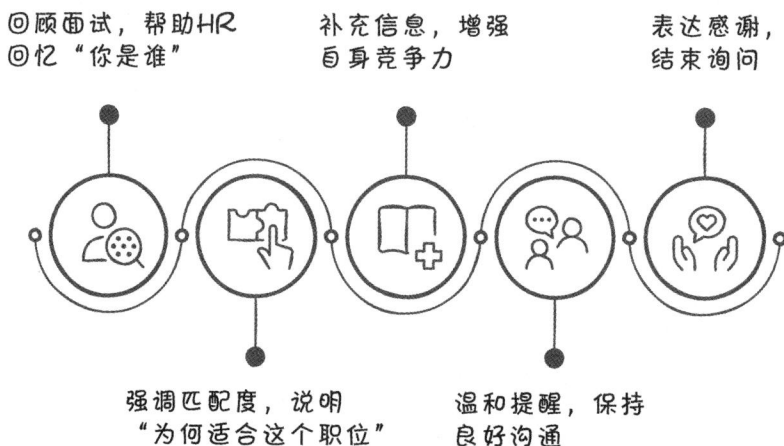

回顾面试,帮助HR
回忆"你是谁"

补充信息,增强
自身竞争力

表达感谢,
结束询问

强调匹配度,说明
"为何适合这个职位"

温和提醒,保持
良好沟通

图5-2 面试结果询问5步法

(1)回顾面试,帮助HR回忆"你是谁"

通常,面试结束后,HR会告知求职者面试结果反馈的时间,通常为3~5天。如果超过5天仍未收到消息,求职者可以主动联系HR询问进展。

在询问时,求职者应先帮助HR回忆自己的身份,包括姓名、面试时间及职位。例如,求职者可以这样说:"您好,我是××。上周三上午,我有幸在贵公司参加了××职位的面试。通过与各位面试官的交流,我对这个职位有了更深入的了解。"

为了提升沟通效率,求职者可使用AI工具自动生成的专业跟进信息模板。

只需输入岗位、面试官姓名及简要反馈，即可获得语气适宜、逻辑清晰的参考内容，避免表达生硬或疏漏关键信息。

提示词示例：

"我刚刚面试了［公司名称］的［岗位名称］职位，想发一条专业的面试后跟进信息，表达感谢并委婉询问进展，请帮我生成一封语气适当、逻辑清晰的邮件模板。我与面试官的交流大致如下：［简述面试亮点］。"

（2）强调匹配度，说明"为何适合这个职位"

面试的核心在于判断求职者与职位的匹配度，因此，在询问结果时，求职者可以再次强调自己的优势，以及为何适合这个职位。这不仅能加深 HR 对求职者的印象，也能展现求职者的求职诚意。例如，"我认为 ×× 职位与我的过往经验高度契合，同时我也非常认可贵公司的发展方向和团队文化，因此更加期待能加入贵公司。"

（3）补充信息，增强自身竞争力

如果求职者了解到公司正在推进某个项目，而自己正好具备相关经验，不妨主动补充一些相关信息，以增强自身竞争力。例如，"我了解到贵公司正在与 ×× 厂商洽谈合作，而我曾在 ×× 项目中与该厂商有过合作经验。面试后，我结合自己的经验，思考了如何更好地推动这个合作，并形成了一些初步想法。"

此外，如果求职者遇到难以表达的复杂想法，也可使用 AI 工具协助自己将经验转化为更有说服力的表述。例如，通过提供项目背景、经验要点，让 AI 工具生成结构化建议，便于 HR 快速理解并加深印象。

补充信息不仅能展现求职者的行业敏感度和主动思考能力，还能让 HR 更清楚地看到求职者的实际价值。在竞争激烈的求职市场，这种额外的优势可能成为提高求职者录用机会的决定因素。

但求职者需要注意的是，如果没有合适的补充信息，不必刻意编造，否则可能适得其反。此时，求职者可以跳过第 3 步，直接进入第 4 步，确保沟通自然、真实。

（4）温和提醒，保持良好沟通

有时候 HR 可能因为事务繁忙而延迟反馈，这时求职者就可以礼貌地提醒，让对方知道自己仍然在关注这个机会。例如，"贵公司的面试体验非常好，如果有任何需要补充的信息，欢迎随时联系我。"

（5）表达感谢，结束询问

求职者应简洁地表达感谢，让电话、邮件或消息有一个得体的收尾。例如，"感谢您付出的时间和给我的帮助，期待您的回复。"

二、面试后的细节补救

在多数面试的最后，面试官往往会问一句："你还有什么想问我的吗？"这句看似例行的提问，其实背后隐藏着多重含义——它既是对求职者动机与思考能力的最后一次考察，也是一个"告别性"的信号，标志着这场面试即将进入尾声。

不少求职者在听到这句话后，往往会产生"终于结束了"的心理暗示，认为结果已经八九不离十。然而，真正经验丰富、具备求职敏感度的人清楚地知道：面试现场虽然结束了，但属于求职者的主动权窗口才刚刚开启。

事实上，面试结束后的 72 小时，才是真正决定"能否进入下一轮"甚至"能否拿到 offer"的关键时间段。这段时间内，求职者能否持续释放专业度、在面试官心中留下深刻印象，往往直接影响最终的结果。

为了帮助求职者更好地把握这段关键时期，我们将这 72 小时划分为三个阶段——面试结束后的 10 分钟内、面试结束后的 2～3 小时内，以及面试结束后的 2～3 天后，并为每个阶段设计了相应的行动策略。这些策略不仅能够帮助求职者强化在面试官心中的印象，还能有效延伸影响力，提升求职成功的可能性。

1. 面试结束后的 10 分钟内

当求职者走出面试会议室，其实还有一个非常重要的"黄金窗口"没有被大多数人重视——面试结束后的 10 分钟。这段时间内的行为，往往更容易被面试官记住，求职者恰当地运用这段"余温期"，可以有效加深对方的好感。

此阶段建议求职者采取以下 3 个具体行动，如图 5-3 所示。

图 5-3 面试结束 10 分钟内的 3 个具体行动

（1）表达具体且真诚的感谢

仅仅说一句"谢谢"并不足够，真正有效的感谢应当是有内容、能触动人心的。求职者应通过回顾面试中的某个细节，表达个人受到启发或认同，这样可以让面试官感受到自己的用心与专注。

例如，求职者可以这样说："非常感谢您今天的分享，特别是关于人才培养的见解让我印象深刻，让我联想到早期在××项目中的实际体验，收获很大。"

或者这样说："谢谢您的提问，尤其是业务理解相关的部分，让我意识到自己在某些模块的思考还可以更深入，非常感谢您的启发。"

这种有温度、有内容的感谢，不仅能体现求职者的沟通能力，还能激活心理学中的"近因效应"：我们往往更容易记住交往中最后发生的内容，这对于留下积极的印象至关重要。

（2）主动提出可补充材料

适时表达愿意提供后续材料的意愿，不仅展现了求职者的专业态度，也为后续的联系创造合理入口。哪怕对方未必真正需要，但求职者的主动行为依然可以传递出高配合度与高积极性。例如，"如果后续流程需要我补充任何资料，如项目案例、文档方案等，欢迎随时联系我，我会第一时间提供。"

（3）争取添加联系方式

很多求职者出于礼貌或紧张，常常错过与面试官建立私下联系的机会。实际上，大多数面试官是愿意留下联系方式的，尤其是当求职者表现出主动、谦逊和继续学习的态度时。

例如，求职者可以这样自然地说："您好，不知道是否方便添加一个联系方式？也方便后续有机会继续交流与请教。"

如果遇到公司有制度限制，对方可能会建议求职者添加 HR 的微信，这个机会也值得把握。

如何正确添加微信

主动出示微信二维码：让对方扫你，显得更礼貌也更高效。如果对方不便添加，也可请求其转交相关资料给 HR 或其他负责人。

微信备注清晰：如"销售总监候选人 - 章冉"，便于对方回忆。

---

2. 面试结束后的 2 ～ 3 小时内

面试结束后 2 ～ 3 小时，是面试官对求职者的印象仍然比较清晰的时段。此时如果求职者能继续输出一些细节动作，可以有效强化面试官对自己的好感，并传递自己对岗位的重视程度。

建议求职者在此阶段完成以下两项关键任务。

（1）检查并优化朋友圈的内容

在添加微信后，面试官大概率会出于好奇或职业习惯，随手查看求职者的朋友圈，进一步了解这个人"私下的状态"。这时，朋友圈就不再是单纯的社交空间，而成了一张非正式却极具影响力的"延伸名片"。它会在无声中传递出一个人的态度、价值观和专业气质，甚至左右面试官对其的进一步判断。

如何检查并优化朋友圈的内容

优化内容：删除或屏蔽过于负面、抱怨情绪、过度娱乐等内容，避免减分。尽量保留正面、积极、专业的内容，如工作动态、成长记录、行业活动等。

（续）

> **设计签名：** 适当设计一个有辨识度的签名，让面试官对求职者形成清晰印象，如"做事靠谱的产品人 | 持续学习中"。

（2）发送感谢 + 推动进展

整理好朋友圈后，求职者应及时通过微信再次表达感谢，并简要推动后续进展。这不仅体现了求职者的主动性，也会帮助求职者在面试官脑海中再"刷一次存在感"。

例如，求职者可以这样说："×× 老师您好，我是今天面试的 ××。我对贵公司的发展方向非常感兴趣，也非常希望能够加入其中。如果后续流程有任何需要我配合的，请随时联系，感谢您！"

在这个部分，求职者可以使用 AI 工具构思得体又不显得催促的后续感谢与推动进展的信息，避免措辞生硬或重复，提升触达效果。

提示词示例：

"我今天面试了 ×× 公司 ×× 岗位，面试官叫 ××，请帮我写一条感谢 + 轻度推进面试进展的消息，语气自然不显得过于催促。"

3. 面试结束后的 2 ～ 3 天后

如果面试结束后两到三天仍未收到任何反馈，求职者不妨主动发起一次礼貌而得体的询问。这不仅传递出求职者对职位机会的重视，也有助于在激烈的竞争中维持自身的可见度，不至于被遗忘。

此时的沟通应保持克制、真诚，并带有一定的推进意图。例如，可以发送一条信息表达关心与期待："×× 老师，您好，打扰您一下，我想请问一下目前面试流程的进展，不知是否已有初步反馈？如需我补充任何材料，也欢迎随时联系。"

这种方式既表达了积极态度，又不显得催促，分寸恰当。具体的表达可以参考本章第一节"面试后要不要问结果？怎么问"部分。

除了主动问询，如果之前求职者已添加面试官的微信，且对方朋友圈设为公开，也可以适度地进行互动。

在面试官发布的行业相关内容或个人分享下点个赞，或留下简短而得体的评论，如"这场分享很有收获""您的观点很有启发"等。

这种低频、低干扰的互动，可以在不打扰对方的前提下，悄然维持联系和存在感。即使没有直接的对话，也能在人际心理上形成"记忆触发"，让面试官再次联想到求职者，从而提升潜在的后续机会。

为了帮助求职者更清晰地把握面试结束后的关键时间节点，我们将上述三个阶段的核心策略，整理成一份"面试后 72 小时行动地图"，便于求职者在现实场景中迅速执行、有效提升机会转化率。具体内容详见表 5-1。

表 5-1　面试后 72 小时行动地图

时间阶段	关键动作	行动目的
面试结束后的 10 分钟内	表达具体感谢 + 主动补充资料 + 建立联系	留下好印象，建立连接通道
面试结束后的 2～3 小时内	优化朋友圈形象 + 感谢并推动进展	巩固印象，展现在意度
面试结束后的 2～3 天后	主动跟进 + 轻度互动	保持热度，争取反馈机会

许多最终结果不好的面试，其实并非求职者的表现不佳，而是他在面试后失去了主动。面试不是在"今天就到这儿吧"这句话中结束的，而是在求职者有意识经营的 72 小时里不断延伸影响、争取机会的。

别让努力只停在面试现场。利用好这 72 小时，面试结果很可能会悄悄翻盘。

三、两张表搞定面试复盘

在求职过程中，面试不仅是展示自己的舞台，更是不断优化与成长的机会。一场高效的面试复盘往往能帮助求职者发现问题、积累经验，在下一次面试中表现得更加出色。此外，当多个 offer 摆在面前，求职者如何科学理性地做出选择，也是一项重要技能。下面将通过两张表帮助求职者轻松应对这两个关键环节："面试复盘表"可以帮助求职者总结每一次面试得失，持续优化表现；"offer 比较表"让求职者从多个维度分清利弊，做出最适合自己的职业决策。求职者掌握这两张表，面试将不再靠感觉，决策也会更加"稳准狠"。

1. 面试复盘表：提升面试表现

"面试复盘表"（如表 5-2 所示）旨在帮助求职者在面试结束后，系统回顾整个过程，找出自身的优劣势，改善不足，提升后续的面试成功率。

表 5-2　面试复盘表

面试职位：		公司：	
盘点项目	**子项目**	**具体描述和评估**	**改进空间**
复盘整体面试表现	是否自信、自然	（1）回顾自我介绍及回答问题时的表现，是否流畅、自然，表达是否清晰、得体 （2）有无因紧张导致卡壳、语无伦次或停顿时间过长的问题	思考如何缓解紧张情绪，如提前演练自我介绍、常见问题模拟答题
	是否得到正面反馈	（1）面试官是否有点头、微笑、言语肯定等表现 （2）面试官是否对回答表现出兴趣并进一步追问	（1）归纳有效表达方式，优化答题逻辑 （2）如果面试官对某类答案非常感兴趣，那么求职者可以在未来面试中突出相关亮点
	是否得到负面反馈	（1）面试官是否有质疑、频繁追问、不耐烦等表现，如查看手机、打断回答、走神等 （2）面试官是否出现由某个问题引起的明显不满	（1）反思负面反馈的原因，如表达不清晰、逻辑混乱、信息不充分等，并针对性调整表达方式 （2）对于面试官反复追问的问题，求职者应准备更有说服力的回答，提高应变能力
	……	……	……
复盘问答情况	问题一	例如，"请介绍 A 项目的情况"	（1）如果回答不够充分，可补充更具体的数据或案例 （2）如果逻辑不清晰，可调整答题结构，如 STAR 结构表达法
	问题二	例如，"为什么离开上一家公司"	如果面试官有质疑，求职者应反思表达方式是否偏消极。如果是，可以调整为积极的职业规划，突出成长性和未来发展目标

（续表）

盘点项目	子项目	具体描述和评估	改进空间
复盘问答情况	问题三	例如，"你的职业规划是什么"	如果回答过于泛泛或缺乏实际行动计划，求职者可结合目标职位要求，提供更明确的发展路径和技能提升计划
	问题四	……	……
	……	……	……
复盘面试关系	面试节奏如何	面试是否在合理的时间范围内（如40分钟～1小时）？是否存在时间过短（10分钟内草草结束）或时间过长（超过1小时）但未能深入讨论的情况	如果面试时间过短，可能是准备不足或未能引起面试官的兴趣，求职者可优化自我介绍，提高关键问题的回答质量；如果面试时间过长但未聚焦重点，求职者可训练精准表达，提升控场能力
	是否建立初步信任	（1）面试官是否表现出对求职者的认可，如积极点头、主动交流、询问具体细节 （2）面试官是否在面试结束后主动添加求职者的联系方式、介绍团队或邀请参观公司	如果未能建立信任，求职者应分析原因并改进。例如，求职者可以通过主动提问、加强互动，展现自身兴趣与价值观匹配度
	是否获取所需信息	面试前是否有特定关注点，如职位晋升路径、团队氛围、薪资构成？这些疑问是否已得到解答	如果未能获取足够信息，下次面试可提前准备更精准的问题，确保在面试中主动获取关键信息，避免错失重要判断依据
	……	……	……
复盘总结	针对亮点，总结可复制的经验，应用于未来面试。针对不足，制订改进计划，如加强模拟面试训练、优化答题结构、补充相关案例，提高面试整体表现		

求职者可以借助AI工具在每一次面试后进行"深度复盘"，将主观经验转化为可操作的改进方向。

提示词示例：

我刚参加了一场面试，我会描述交流过程，请你帮助我分析以下内容：

面试官是否表现出积极或犹豫信号？

我的表达是否存在不足之处？

有没有可以优化的表达方式？

【以下是我的描述】：

……

这样的复盘不仅提高了效率，也大大增强了下一次面试的成功率。

2. offer 比较表：如何用一张表选择最佳 offer

选择 offer 是一种"幸福的烦恼"。有些求职者同时收到了两个或更多的 offer，难以抉择；也有人虽然只收到了一个 offer，却仍在纠结是否接受。针对这些困扰，"offer 比较表"（如表 5-3 所示）或许能帮求职者做出更理性的选择。

表 5-3　offer 比较表

序号	考察维度	权重	现有职位	现有职位加权	offer A	offer A 加权得分	offer B	offer B 加权得分
			1～5 分进行打分，5 分为最满意					
1	薪资	20%	4	0.8	5	1	2	0.4
2	福利	5%	…		…		…	…
3	地理位置	5%						
4	行业前景	5%						
5	公司及业务发展	10%						
6	稳定性	10%						
7	职位内容	10%						
8	工作强度	10%						
9	汇报对象及风格	10%						
10	团队氛围和企业文化	15%						
	得分	100%	…	…	…	…	…	…

求职者可以按照以下步骤使用"offer 比较表"，并选出适合自己的 offer。

第一步：确定考察维度。

求职者可根据自身实际情况确定考察维度。一般来说，建议求职者聚焦 4～5 个关键维度。

第二步：设定权重。

求职者要为选定的考察维度分配权重，总和必须为 100%。如果求职者认为薪酬很重要，就可以为其设定 50% 的权重；如果求职者认为地理位置很重要，就可以为其设定 30% 的权重，其他维度如职位内容、汇报对象等分配剩余 20% 的权重。

第三步：对每个 offer 进行评分。

求职者可以采用 1 ~ 5 评分制，对每个 offer 在不同维度上的表现进行评分。例如，offer A 的薪资很不错，打 4 分；offer B 的薪资更符合预期，打 5 分。

第四步：计算总分，并选出得分最高的 offer。

求职者要将各项评分乘以对应权重，得到单项得分，再汇总计算最终总分。具体可参考表 5-4。

表 5-4　offer 权重评分表

维度	权重	offer A 评分	offer A 加权得分	offer B 评分	offer B 加权得分
薪酬	50	4	$4 \times 50\% = 2$	5	$5 \times 50\% = 2.5$
地理位置	30	3	$3 \times 30\% = 0.9$	2	$2 \times 30\% = 0.6$
职位内容	20	5	$5 \times 20\% = 1$	5	$5 \times 20\% = 1$
总分	100		3.9		4.1

得分更高的 offer B 更符合求职者的需求。

尽管量化方法能帮助求职者做出更理性的判断，但有时情感因素也会影响最终决定。例如，即使 B 公司得分更高，求职者可能会因为 A 公司的领导态度亲切，而更倾向于 A 公司。但这并不是问题，重要的是求职者先用客观方法进行评估，再结合个人感受做出最终决策，避免自己完全受情绪影响。

四、拿到 offer 后的关键思考

成功拿到 offer 只是求职的一个阶段，此时求职者需要冷静思考：薪资是否还有提升空间？面对其他面试机会该如何取舍？HR 要求尽快入职，该如何应对？此外，在正式签约前，求职者还应再次确认试用期、五险一金、工作时间等核心信息，确保工作条件与预期一致，避免入职后产生不必要的困扰。合理规划好这一步，才能让新工作真正为个人的职业发展加分。

1. 还能再争取薪资吗

有些求职者在收到offer后，才意识到企业给出的薪资并没有达到自己的预期，可能是由于在初期谈判中答应得过于仓促，或错过了关键的协商时机。此时，是否应在尚未入职的阶段再次尝试争取更合理的薪资，往往成了求职者内心反复权衡的难题。

从实际操作来看，求职者在offer已确定的基础上再提薪资调整，确实存在一定风险。企业可能会对求职者的稳定性或诚信度产生疑虑，认为对方过于"功利"，甚至留下"说话不算数"的印象。因此，通常不建议求职者在已接受offer后再次主动协商薪资。更稳妥的方式是入职并通过试用期后，再根据实际表现和结果申请薪酬调整，这种时机往往更具说服力，也容易获得认可。

但如果薪资差距较大，确实难以接受，甚至动摇了入职意愿，求职者仍可以尝试做最后一次沟通。在这种情况下，建议求职者注意如图5-4所示的几点，以确保表达得体、态度真诚。

反馈时间越早越好　　以诚恳的态度表达　　有可参考的薪资对比
　　　　　　　　　　具体诉求　　　　　　更具说服力

图 5-4　收到 offer 后求职者再争取薪资的注意事项

（1）反馈时间越早越好

收到offer后一旦发现薪资存在问题，求职者应尽早提出。如果等到临近入职甚至已经口头接受之后才反悔，往往会给人留下反复、犹豫的感觉，影响个人职业形象。尽早沟通可以让企业理解，这确实是求职者经过认真考量后的决定，而非临时变卦。

（2）以诚恳的态度表达具体诉求

与HR沟通时，建议求职者以积极认同和真诚表达为主。例如，求职者可以这样说："非常感谢公司给予的机会，我对岗位和团队都非常期待。但在薪资方面，我确实还有一些顾虑，目前的方案与我的预期相差约 1 000 元。我知道您已经尽力帮我争取，但还是想请您看看是否有可能重新评估一次。如果可以调整，我会立即确认 offer，并尽快到岗。"

（3）有可参考的薪资对比更具说服力

如果求职者还有其他公司的 offer，且待遇更优，可以作为合理参考，帮助企业更清晰地评估市场竞争情况。沟通时无须施压，而是客观说明现实情况。

例如，求职者可以这样说："目前我收到了另一家公司的 offer，薪资方面确实更优。但我对贵公司更有兴趣，希望能够加入。目前两家公司的薪资差距较大，贵公司给出的待遇也相对保守。如果贵公司可以考虑适度调整，如提升 1 000 元，达到 ×× 元，我会立刻接受，并尽快到岗。"

求职者可以借助 AI 工具进行一对一的薪资谈判模拟练习，帮助自己熟悉语境，提高心理预期和表达流畅度。

提示词示例：

"我想模拟一次拿到 offer 后再争取谈薪的过程，你来扮演 HR，我负责应答。我回答结束后，你帮助我优化回答的内容。"

当然，即使沟通方式得当，求职者也需要做好心理准备。公司未必具备调整空间，或在流程上无法重新评估。求职者应权衡个人实际情况，是按照当前薪资接受 offer，还是放弃这个机会、选择其他公司。关键在于，沟通的过程本身要合理、有礼，既表达了重视，又保留了专业形象。

2. 还有其他的面试机会怎么办

在求职过程中，很多人都会面临这样的两难局面：一方面已经接到了一家公司的 offer，甚至 HR 已经在催促尽快确认或入职；另一方面，仍有其他更感兴趣的岗位正在推进，甚至可能已进入到关键的面试阶段。

此时，许多求职者都会产生疑问：还能继续面试吗？会不会显得不够诚信？其实，合理权衡、适度操作是完全可以接受的。收到 offer 并不意味着求职者必须马上接受，更不意味着必须放弃其他更优的可能性。关键在于如何妥善处理时机，做到进退有据，沟通有术。

（1）申请延长 offer 答复期

如果企业已经发出 offer，但求职者还没有做好最终决定，可以主动联系 HR，申请稍长的答复期限，以争取时间继续了解其他岗位的情况。

求职者可以这样礼貌地询问："我是否可以在三天后 / 一周内给出明确答复？"多数 HR 会在合理范围内给予缓冲期，前提是求职者表达得体。

（2）推迟入职时间，为其他机会预留空间

如果求职者已接受 offer，但还没有到岗，又对其他机会抱有希望，可以在确认时就提出推迟入职的请求。常见的理由包括"需要时间完成原单位的工作交接""个人事务需安排"等。通常推迟 1 ～ 2 周是较为合理的范围，如情况特殊，也可以协商延长至 30 ～ 40 天。但要注意节奏，避免频繁更改时间。

（3）继续参加其他面试，保持灵活性

在 offer 答复期或推迟入职阶段，求职者也可以参加其他面试。在尚未入职、尚未签订正式劳动合同的前提下，求职者继续寻找更优岗位并无不妥。不必对这种行为感到愧疚，关键是求职者不要对当前 offer 做出虚假承诺。

（4）设置评估时限，防止犹豫失误

建议求职者为自己设定一个明确的决策时间点，如"一周内做出最终选择"，避免因过度犹豫而错失已到手的机会。

关于"还有其他面试机会怎么办"这个问题，求职者还可以借助 AI 工具构建一个智能"offer 机会管理面板"，输入各项 offer 的薪资、发展前景、公司文化评分等，让 AI 工具根据求职者的偏好进行打分和优先级排序，辅助决策。

总而言之，面对多个机会并不意味着求职者必须立即做出选择，而是要懂得如何争取空间、延长决策窗口、稳妥推进下一步。求职不仅是双向选择的过程，更是对自身节奏与判断力的考验。把握好时间节点，合理沟通，是求职者在不确定性中为自己争取主动权的关键。

3. HR 要求快速入职怎么办

发出 offer 后，HR 可能会希望求职者尽快入职，但建议求职者不要仓促答应，应尽量给自己留出缓冲时间，以确保顺利过渡。

求职者可以根据自身情况做出合适的回应。

（1）仍在职

如果求职者仍在职，可以坦诚告知 HR，目前仍有工作在身，需要完成交接，以展现自己的责任感。例如，求职者可以这样回答："我需要大约一个月的时间完成交接，如果可以提前完成，我会尽快通知您，可以吗？"

（2）已离职

如果求职者已经离职，虽然可以立即入职，但仍建议给自己留出 10 天左右的缓冲期，以合理安排个人事务或进一步权衡职业选择。

例如，求职者可以这样回答："公司发出 offer 后，我会在一周左右确认，并妥善安排个人事务，确保以最佳状态投入工作。"

这样不仅显得求职者更加稳重成熟，也可以避免在多个 offer 之间仓促做出决定。

4. 必须再次确认哪些信息

在正式入职前，求职者应再次核对图 5-5 中的关键信息，以确保工作条件与预期一致，避免入职后出现不必要的困扰。

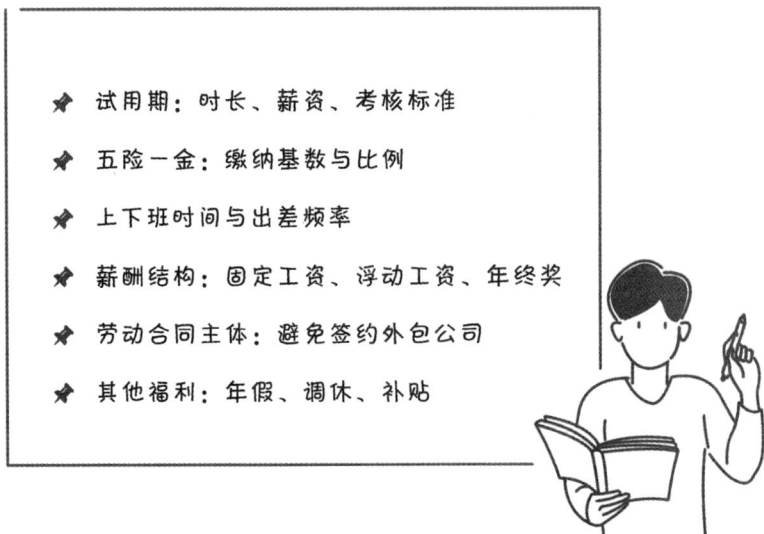

✦ 试用期：时长、薪资、考核标准

✦ 五险一金：缴纳基数与比例

✦ 上下班时间与出差频率

✦ 薪酬结构：固定工资、浮动工资、年终奖

✦ 劳动合同主体：避免签约外包公司

✦ 其他福利：年假、调休、补贴

图 5-5　入职之前求职者需要确认的信息

（1）试用期：时长、薪资、考核标准

很多求职者误以为试用期就是 3 个月，但实际上，不少企业在签订 3 年劳动合同时，试用期会长达 6 个月。除了时长，试用期的薪资也是求职者要关注的重点。一些企业会对试用期工资进行折扣，甚至只有正式薪资的 70%，根据《中华人民共和国劳动合同法》第二十条的规定，劳动者在试用期的工资不得低于本单位相同岗位最低档工资或者劳动合同约定工资的 80%，并且不得低于用人单位所在地的最低工资标准。如果低于这个比例，求职者一定要警惕并与 HR 确认。

此外，如果求职者应聘的是销售、运营等职位，通常会有试用期的关键绩效指标（Key Performance Indicator，KPI）。求职者要提前确认转正标准。

某公司要求销售人员只有在试用期内完成 100 万元的业绩才可转正，如果求职者没有客户资源，达成目标的难度极大，这种情况就要慎重考虑是否加入。

（2）五险一金：缴纳基数与比例

不同城市的五险一金缴纳基数与比例各不相同，求职者应提前了解并核实。例如，根据 2024 年的相关政策，北京住房公积金继续执行 5% 至 12% 的缴存比例政策，缴存单位可根据自身经济情况在规定范围内自主确定具体缴存比例。部分企业可能按照最低基数缴纳，导致实际缴纳金额差距较大。这不仅影响个人福利，还可能影响未来的住房贷款额度。因此，建议求职者在签约前明确缴纳基数和比例，确保自身权益。

（3）上下班时间与出差频率

一些企业会宣传"弹性打卡"，但这并不意味着工作时间完全自由，很多情况下仍然存在着隐形加班文化，虽然无须打卡，但实际工作时间可能会被延长。因此，求职者应提前向 HR 确认具体的上班时间。

是否有固定的出勤要求，如"10：00 ～ 19：00"，以及是否需要频繁加班，加班是否有相应的补偿政策，以免影响工作与生活的平衡。

如果工作涉及出差，求职者也应事先明确出差的频率和范围，避免与个人预期不符。

曾有一位求职者在苏州工作，原以为出差仅限于上海周边，可以当天往返，但入职后发现，公司实际的出差地点是广州、深圳，每次出差长达一两周，给个人生活带来了极大影响。

因此，在签约前，求职者应向 HR 确认该职位是否有出差要求，出差的频率是每月 1 ~ 2 次还是更频繁，以及出差的范围是周边城市、全国还是海外，确保自己能够接受，以免入职后产生不必要的困扰。

（4）薪酬结构：固定工资、浮动工资、年终奖

薪酬结构比总额更重要，求职者应关注固定工资与浮动工资的占比。

同是 1 万元月薪，底薪 7 000 元 + 绩效 3 000 元的薪酬结构，与底薪 8 000 元 + 绩效 2 000 元的薪酬结构，带来的收入稳定性会有很大不同。

浮动部分占比越高，薪资的不确定性就越大，因此，求职者应关注浮动工资的计算方式和发放标准，避免因过高的绩效占比影响实际收入。

年终奖的发放机制同样需要提前确认。HR 可能会表示"年终奖为 2.5 个月工资"，但如果只有前 5% 的员工才能拿到，年终奖的实际价值就会大打折扣。因此，求职者在谈薪资时，应向 HR 明确以下几个关于年终奖的问题。

"年终奖是否与考核挂钩？"

"考核等级如何划分？"

"不同考核等级对应的年终奖是多少？"

"公司过往的年终奖发放情况如何？"

（5）劳动合同主体：避免签约外包公司

签订劳动合同前，求职者需确认合同主体，即求职者究竟是与哪家公司签订劳动合同。有些大公司在招聘时以自身名义宣传，但实际合同可能是员工与外包公司签署，这将直接影响求职者的权益。

外包员工通常不享受与正式员工相同的福利，如公积金缴纳比例较低、年终奖发放标准不同等。此外，外包员工在离职时往往无法获得正式员工的赔偿，劳动关系相对更不稳定。

因此，在签约前，求职者务必向 HR 确认合同签署的具体公司名称，确保自己的劳动权益和福利待遇不会因合同主体不同而受到影响。

（6）其他福利：年假、调休、补贴

求职者应关注年假、调休及各类补贴，以免入职后出现预期落差。

某些公司虽承诺 10 天年假，但由于业务繁忙，实际可能难以休完，甚至无法累积。

因此，求职者在入职前，务必向 HR 确认年假天数、是否能正常休假、是否可累积或折现。此外，求职者还应了解公司是否提供交通补贴、餐补、住房补贴等额外福利，这些都可能影响实际收入。

在确认信息环节，求职者可以让 AI 工具做自己的"签约前的权益审核官"。求职者可以上传或录入 offer 部分的关键内容，AI 工具可以自动识别并提醒用户注意关键条款，如试用期工资比例、五险一金基数、薪酬结构异常、是否为外包合同等，并提供相应法律政策解释。此外，根据用户所处地区政策与行业惯例，AI 工具会标注出可能的"合同陷阱"或"福利缩水点"，如加班、薪酬不透明、出差频率超标等，协助求职者规避风险。求职者还可以用 AI 工具定制"入职前需确认事项清单"，帮助求职者与 HR 沟通时使用，提高沟通效率，也可作为签约谈判时的记录归档工具。

提示词示例：

"请帮我审查以下 offer 内容，指出其中可能存在的问题：[粘贴合同文本]；请列出入职前我需要重点确认的 10 项信息点；这个 offer 里有一项的内容是试用期工资为 80%，正常吗？能解释一下法律风险吗？"

那么，什么时候向 HR 确认这些信息呢？最佳时机是在谈 offer 阶段，而非面试时。主要原因有两点：第一，面试官主要评估能力匹配，过早询问福利可能给人留下"过于计较"的印象，影响录用机会；第二，HR 才是负责发放 offer 的人，他们掌握的信息更全面，也更愿意解答这些问题。求职者只有掌握好确认信息的沟通时机，才能既保障自身权益，又不影响求职进程。

【演练】

请利用表 5-5 梳理面试前必须再次确认的信息。

表 5-5　面试前必须再次确认的信息

试用期	
五险一金	
上下班时间与出差频率	
薪酬结构	
劳动合同主体	
其他福利	

五、如何顺利通过背景调查

背景调查（以下简称背调）是许多企业在录用员工前的关键环节，尤其针对涉密岗位、高管职位或核心业务岗位。因此，求职者应提前了解背调的流程及注意事项，以确保顺利通过审核，顺利入职。

1. 什么样的岗位会被背调

在求职过程中，以下几类岗位通常需要接受背调（如图 5-6 所示）。不过需要注意的是，这些职位的背调概率较高，但不意味着其他职位就不会被背调。具体情况取决于企业的用人标准、行业规范及岗位职责。

图 5-6　需要接受背调的岗位

（1）中高层管理岗位

企业对中高层管理岗位的候选人通常会进行背调，如总裁、副总裁、高级总监、总监、副总监等。这类职位涉及企业核心决策，企业需要确保候选人的职业操守和过往经历可靠，以降低管理风险。

（2）特殊敏感岗位

特殊敏感岗位主要涉及企业的关键数据和重要事务，如财务、法务、人力资源、审计等，因其掌握企业财务及合规信息，需确保诚信度。此外，数据分析、运营等涉及核心数据的职位，由于可能接触企业机密信息，也需要进行背调。

（3）销售岗位

企业在招聘销售人员时，往往会关注候选人是否在前公司涉及客户纠纷、行贿受贿等行为，以降低用人风险。

求职者可以借助 AI 工具对目标职位进行模拟预审，提前了解该岗位的审核敏感点及背调关注重点，做到有备无患。

2. 背调到底查什么

背景调查是现代企业常见的人才审查机制。通常，企业会从多个维度对候选人进行核实与评估，主要包括图 5-7 所示的核心内容。

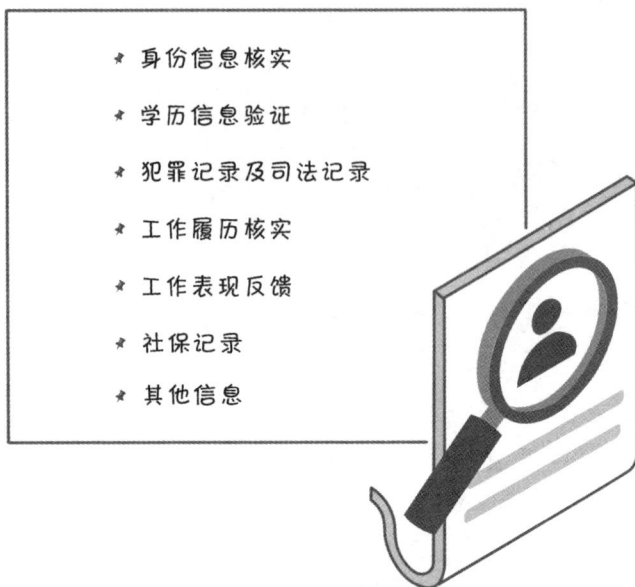

图 5-7 背调的核心内容

（1）身份信息核实

确认候选人的身份证信息是否真实有效，防止身份造假或隐瞒。

（2）学历信息验证

检查学历证书是否可在学信网上查询，以防造假。

（3）犯罪记录及司法记录

检查候选人是否有犯罪记录、拘留经历或法院诉讼记录，以评估其法律风险。

（4）工作履历核实

确认候选人的入职和离职时间、职位信息等，确保与简历一致，避免伪造工作经历。

（5）工作表现反馈

通过与候选人的上级或同事沟通，了解其工作能力、绩效表现及团队合作情况。

（6）社保记录

部分企业要求提供社保缴纳记录，以验证候选人的工作经历。

（7）其他信息

根据企业需求，可能涉及薪资流水、办公自动化系统考勤记录等额外信息，以进一步核实候选人背景。

3. 避坑指南：背调不通过的常见情况

背景调查是多数企业在发放 offer 后的关键流程，其结果可能直接影响录用决定。很多求职者在这个环节因准备不足或疏忽，导致与心仪岗位失之交臂。以下总结了背景调查中常见的"踩雷"情形，供求职者提前识别、及时规避。

（1）简历造假，风险高发

尽管一些信息在短期内可能难以核实，但一旦进入背调环节，企业多半会委托专业第三方进行交叉验证，造假行为极易暴露，得不偿失。

简历造假的体现

学历造假： 伪造毕业证、学位证，或虚构就读学校及专业。

工作经历造假： 杜撰工作单位、延长任职时间、夸大职务及项目参与度，甚至将他人经历据为己有。

薪资造假： 谎报上一份工作的薪酬水平，试图借此争取更高的薪资。

证书造假： 伪造职业资格、荣誉奖项等证书。

（2）负面记录，影响深远

多数企业背调不仅关注求职者的履历是否属实，也会评估其职业操守和合规记录。

负面记录的体现

劳动纠纷： 擅自离职、违背竞业协议等都会被视为潜在风险。

违纪违法行为： 商业贿赂、私自带走数据资料、泄密等均会触发红灯

（续）

预警。

个人信用不良：针对部分职位如财务、法务，企业会查阅信用报告，信用记录不佳可能成为拒录依据。

（3）信息不一致，招致疑虑

即便信息属实，但如果求职者前后表述不一致，也容易引起用人单位的警觉。

信息不一致的体现

简历与背调信息：如时间节点、职位名称、离职原因等细节存在出入。

推荐人反馈与自我描述不符：例如，候选人自评积极主动，推荐人却反馈"执行力一般"

社保与履历不匹配：例如，简历显示任职单位 A，社保却由单位 B 缴纳。

（4）隐瞒关键信息或配合度差

背调不仅查"有无问题"，也观察求职者的配合态度和诚信程度。

信息不一致的体现

隐瞒敏感信息：例如，未披露竞业协议、未说明职场冲突史等。

不完整授权：例如，拒绝提供前雇主联系方式，或不愿意接受背景调查。

背调公司操作失误：因第三方核查不准确造成误会，但用人方往往宁可"错杀"，也不愿冒用人风险，当然这种情况比较少见。

背调虽不可控，但背调前的准备是可控的。建议求职者结合 AI 工具进行信息校验、模拟访谈与风险排查，做到"知己知彼"，以更主动、稳妥的方式迎接审核流程。

求职者可以使用 AI 工具进行"声誉风险排查"。通过 AI 搜索引擎扫描网络上的个人公开信息、社交内容，判断是否存在可能被企业 HR 或背调公司注意的争议记录。或者，曾经历过劳动纠纷、离职争议的求职者，可以借助 AI 工具模拟 HR 沟通场景，提前练习如何坦诚但积极地说明情况，形成更具说服力的表达策略。

背调不只是验证过去，更是对求职者职业操守、信息透明度及沟通态度的全面评估。求职者只有提前做足准备，才能顺利"通关"。

4. 如何借助"前任"顺利通过背调

当求职者已授权某家公司进行背调后，可提前整理相关内容，填写"背景调查协助表"，并与前任同事或上级沟通，提高背调的通过率。

（1）整理内容，填写"背景调查协助表"

为了提高背调的通过率，求职者可以使用"背景调查协作表"（如表 5-6 所示），提前整理相关信息。

表 5-6　背景调查协助表

类别	具体内容	注意事项
背景调查人信息	姓名	请准确提供信息，与本人（求职者）描述一致
	和本人关系（同事/上级/下属）、共事时长	
个人基本信息	学历等	背调公司会自行核查
	薪酬、奖金	可以表示"不清楚"，或"公司要求保密"
离职原因	个人发展、健康原因等	正向反馈，统一按本人的说法
工作履历	职位名称	确保信息真实、准确
	起止工作时间	
	汇报对象	
	管理范围	
工作表现	专业能力	请提供正向反馈
	绩效结果	
	跨部门合作	
	价值观	
	沟通能力	
	是否愿意再次合作	

（续表）

类别	具体内容	注意事项
其他	是否有违规记录	可直接说明"无"
	是否有竞业限制	可以表示"不清楚"
	……	……

①背景调查人信息

背调公司会询问背调人的基本信息，包括姓名、与本人关系、共事时长等。求职者应提前告知前同事或领导，按实际情况提供一致的信息。

②个人基本信息

个人基本信息主要涉及薪酬、奖金等敏感数据。求职者应告诉前同事或领导，关于这方面的信息可以表示不清楚，或者说公司要求对工资、奖金等信息保密。

③离职原因

求职者应确保前公司的说法与自己的说法保持一致，以免因信息不符导致负面影响。例如，如果求职者对背调公司表示"因身体原因回家休养"，则应提前确认前公司是否给予相同的回答。如果不确定前公司如何回应，可以使用正向表达，如"因个人职业发展考虑离职"。

④工作履历

工作履历包括职位名称、起止工作时间、汇报对象、管理范围等。求职者应提前与前同事或领导沟通，确保按照实际情况提供准确信息，避免出现偏差。

⑤工作表现

工作表现包括专业能力、绩效结果、跨部门合作、价值观、沟通能力、是否愿意再次合作等。建议求职者争取前同事或领导给予正向反馈，突出自身的工作能力和职业素养。

除此之外，还有一些信息，如是否有违规记录，是否有竞业协议。关于违规记录，前同事或领导可直接说明"无"，对竞业限制可表示"不清楚"。求职者可根据具体情况补充其他信息，并提前告知前同事或领导注意事项，以确保背调顺利通过。

（2）与前同事或领导沟通

求职者在背景调查过程中，应主动与前同事或领导沟通，请求他们配合提供相关信息。在这个环节中，求职者需要注意以下三点。

①避免直接发送"背景调查协助表"

求职者不要直接将"背景调查协助表"发给前同事或领导。这种方式不太友好，很容易遭到对方的拒绝。建议求职者通过电话或面对面沟通的方式，让对方充分了解背景调查的具体情况。例如，求职者可以这样说："我最近有可能换工作，背调过程中需要您的协助，您看我们是否可以交换一下电话号码，到时候可能需要您帮忙配合一下。"

②简要说明背景调查的内容

与前同事或领导沟通时，求职者可以简要介绍背景调查的主要内容，包括可能会问到哪些问题，对方需要提供哪些信息等。

③强调关键点

在沟通时，求职者应提醒前同事或领导关注一些重要的细节，例如，薪资信息应保密，离职原因需保持统一口径。

（3）发送辅助材料

在完成初步沟通后，求职者可以附上一份整理好的"背景调查协助表"，供对方参考。这里要注意的是，不要直接要求对方按表格逐项回答，而是通过表格提供必要的信息和结构，帮助他们更清楚地了解背调内容。这样做能够减少对方的抵触情绪，提高配合度。

六、如何应对竞业限制

竞业限制是指一些企业为了防止核心人才流向竞争对手，在入职时要求员工签署相关协议的措施。然而，许多求职者对竞业限制不够了解，不清楚该如何应对。图 5-8 提供了几种实用方法，帮助求职者合理规避风险，高效应对竞业限制。

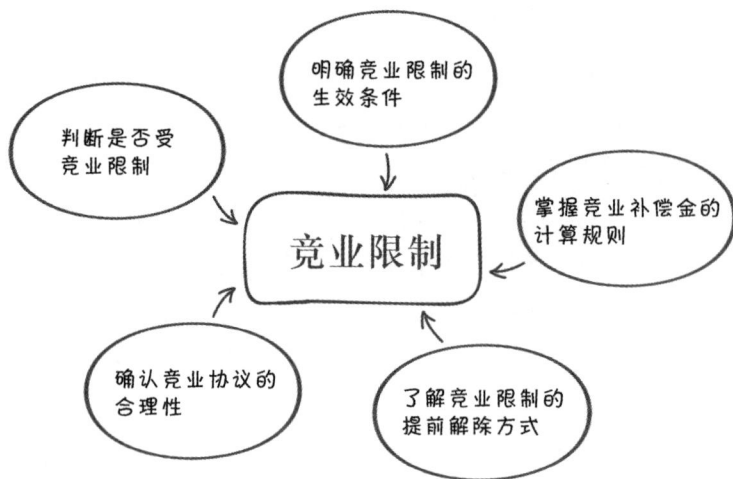

图 5-8　应对竞业限制的方法

1. 判断是否受竞业限制

求职者需要判断自己是否会受到竞业限制。通常核心岗位和敏感职位的竞业限制概率较高，如管理层、财务、HR 等。

求职者还需要注意的是，很多企业会在入职时让员工签订竞业协议，保留日后启动竞业限制的权利。因此，即使求职者并非核心岗位人员，只要入职时签署了竞业协议，离职时就有可能会被启动竞业限制。

2. 明确竞业限制的生效条件

竞业限制的生效通常与公司支付竞业补偿金挂钩，而不是仅凭口头通知或合同约定。离职后，如果公司决定启动竞业限制，必须向员工支付竞业补偿金。换个角度讲，只有在求职者收到竞业补偿金后，竞业限制才正式生效，无论公司是否提前通知。

因此，员工在离职后应关注公司是否支付竞业补偿金，一旦收到竞业补偿金，即意味着竞业限制正式开始。

3. 掌握竞业补偿金的计算规则

根据相关法律规定，竞业补偿金的支付标准不得低于求职者在劳动合同解除或终止前 12 个月平均工资的 30%。该工资包括基本工资、绩效奖金、年终奖、提成等收入。

计算公式：竞业补偿金 = 过去 12 个月平均工资 ×30%

求职者过去 12 个月的总收入为 12 万元，月均 1 万元，那么竞业补偿金至少为：10 000 元 ×30%=3000 元 / 月。

这里需要注意的是，有些岗位，如销售岗位，年终奖和提成可能占收入的大部分，补偿金应基于总收入计算，而非仅按基本工资计算。如果公司按照低薪部分计算补偿金，员工应及时维权。

4. 了解竞业限制的提前解除方式

企业有权单方面解除竞业限制，例如，当公司发现员工掌握的数据已经过时等。根据法律规定，如果公司提前解除竞业限制，必须额外支付员工 3 个月的竞业补偿金。

因此，如果公司单方面终止竞业协议，求职者必须确认是否已收到 3 个月竞业补偿金，如果没有，求职者可依法维权。

5. 确认竞业协议的合理性

求职者在签署竞业协议时，应特别注意协议中提到的竞业限制名单。有些公司可能会滥用竞业限制，试图扩大限制范围。

可能属于违法行为的两种情况

第一种情况：限制范围过广。竞业限制应与公司业务直接相关，不能涵盖整个行业。例如，某员工在在线教育公司工作，离职后去电商公司工作，而原公司却将电商公司视为竞争对手，这种做法是不合理的，违反了竞业限制的基本原则。

第二种情况：无限期限制。法律规定，竞业限制的有效期为 6 个月至 24 个月，超过这个期限可能被视为无效。

总之，如果发现竞业协议存在不合理的条款，求职者可以通过与公司协商进行修改，或寻求法律途径，维护自己的合法权益。

面试官拒绝的不是你，
而是当前阶段较低的匹配度。
但要记住：
匹配是动态的，
价值是永恒的。
offer 比较就是
在不同版本中
求得最优解。

第六章

高难应对：面试六大高难度场景

　　面试时，面对询问空窗期、转行、学历短板，以及管理岗挑战、压力面试等高难度场景，很多求职者常常陷入表达受限、信心不足、策略失当的困境。本章专为破解这些棘手问题而设，逐一拆解涉及六大高难度场景的典型难题，提供应对思路与表达模板，帮助求职者将劣势转为优势，实现有策略、有底气的逆风翻盘。也许，越是困难的场景，越能成为求职者的高光时刻。

一、空窗期：正确应对和解释技巧

空窗期往往是面试官关注的重点。不过，他们真正关注的并非求职者"空窗了多久"，而是这段时间求职者是否在积极行动，是否依然具备工作能力与心理稳定性。

面试官询问"空窗期"时关注的核心点

能力问题：出现空窗期，是因为求职者找不到工作，还是求职者对工作过于挑剔？

心理状态：空窗期是否让求职者的心态变得消极，是否会影响今后的工作稳定性？

行业适应度：求职者是否已经脱离行业太久，能否适应工作？

面对 HR 关于空窗期的提问，求职者要做的不是隐瞒事实，而是通过合理、诚恳的表达打消面试官的疑虑。

无论空窗期长短，求职者在回应此类问题时都可以围绕下面的核心公式展开：

"空窗期间我做了什么 + 我已经准备好开始新工作"

这个公式既能展示求职者在空窗期的积极行动，也能传达求职者目前的工作状态和求职动机。

需要注意的是：空窗期的时长不同，其背后的原因也存在差异，面试官的关注重点也会随之发生变化。因此，求职者在表达时应因时制宜、分类应对，既要突出积极因素，也要有效打消面试官的顾虑。

按照不同的时长，空窗期可以分为以下三种类型。针对不同类型，求职者应采取不同的回应策略。

1. 空窗期 1～3 个月

1～3 个月的短期"空窗"通常是不同工作之间的自然过渡期。针对这类空窗期，面试官更关心的是求职者是否保持了积极的心态和基本的职业思考。求职者在回应时不需要过度包装，只需如实说明原因，并结合个人的职业责任感或个人状态调整来表述即可。

空窗期 1 ～ 3 个月典型场景应对示例

示例 1：照顾家人（体现责任感）

"当时，家人生病需要我照顾，我选择先处理好家庭事务。现在一切安顿好，我已经可以全力投入工作了。"

示例 2：休整反思（体现自我认知）

"之前工作节奏快，一直没有机会系统地反思和总结，这段时间我好好总结了经验，也明确了自己对产品经理工作的热爱。目前我已整装待发。"

---

2. 空窗期 3 ～ 6 个月

对于求职者 3 ～ 6 个月的中期"空窗"，面试官通常会进一步了解求职者在这段时间是否有实际行动，是否具备对行业的持续关注与自我提升的动力。在回应此类问题时，求职者应将重点放在"学习成长＋职业聚焦"上。

空窗期 3 ～ 6 个月典型场景应对示例

示例 1：专业进修（体现主动进取）

"我当时意识到自己在某些方面还需提升，因此参加了 ××× 课程，并获得了 ×× 证书。现在我对这个行业的理解更加深入，也更有信心胜任新的岗位。"

示例 2：特殊情况＋不懈努力（体现适应能力）

"因 ××（情况说明）我回了趟老家，其间并没有闲着，我完成了 ×× 线上课程，并持续关注行业动态。这让我更加坚定了职业方向，更加期待自己在新岗位上有更好的发挥。"

---

3. 空窗期 6 个月以上

超过 6 个月的长期"空窗"是面试官高度关注的重点，往往会引发他们对求职者职业连续性、抗压能力及重新进入职场意愿的深入考察。在这种情况下，回避和模糊回答反而会让面试官误解求职者的状态，建议求职者以坦诚为前提，清楚说明自己出现长期空窗期背后的合理原因，如家庭事务、深度备考、创业尝试等，并重点突出自己在这段时间的反思、成长、规划与准备。

空窗期 6 个月以上典型场景应对示例

示例 1：家庭事务（体现责任感与规划）

"因孩子（或家人）需要照顾，我选择暂时离职。现在家庭已稳定，我也做好了全力回归职场的准备。"

示例 2：备考经历（体现目标感与执行力）

"过去半年我专职备考研究生 / 公务员，虽然最终没有达到预期，但这段经历锻炼了我的自律性和抗压能力。我现在已为重返职场做好了全面准备。"

在长期空窗期中，有一种情况非常常见，但很多求职者不知该如何表达，甚至不敢提及，那就是创业失败。

很多人不确定到底要不要说创业失败的经历，其实，不仅要说，而且应该合理地说出来，并挖掘出自己积累的对目标岗位有价值的经验。失败并不可怕，只要求职者能从中总结经验，就能赢得面试官的认可，甚至获得面试加分。

创业失败空窗期如何说

调整职位避免"虚高"：例如，求职者原来是创业公司 CEO，现应聘商务经理，可将职位调整为"商务负责人 / 市场总监"等更贴近应聘岗位的描述，这样更容易让面试官接受。

提炼可迁移能力：描述创业经验如何帮助自己积累行业经验和人脉资源，提升市场洞察力等，并与目标岗位相关联。

突出具体成果：例如，"在创业期间与 × 家企业建立合作""成功拓展 ×× 渠道"等，哪怕项目没有成功，也展示了求职者的实操能力和商业思维。

如果求职者在表达上不够自信，或者想让回答更清晰有逻辑，也可以借助 AI 工具准备答案。求职者只需要输入一些关键词或自己的经历，AI 工具就能整理出一段结构清晰、表达得体的回答。

提示词示例：

"我因为身体原因休息了一个月，现在恢复健康了，想面试运营相关岗位，怎样解释这段空窗期更自然？"

空窗期并不可怕，关键在于求职者如何解释、如何表达。只要求职者在这段时间有所思考、有所成长并已做好重新投入工作的准备，它完全可以成为求职者的优势补充，而不是求职路上的"减分项"。

二、转行：业绩+迁移能力+准备

在越来越多的年轻人打破了"一辈子只做一份工作"的传统观念时，转行就不再稀奇。尤其是对于"00后"来说，尝试不同职业路径、主动选择职业方向，反映的是年轻求职者更加自主和多元的职业观。即使这样，"为什么选择转行"依然是面试中最具挑战性的问题之一。

很多求职者在回答时会掉入"动机不清晰""准备不充分"的"陷阱"，让本可以成为亮点的转行经历变成了减分项。要想让面试官认为自己是"值得被录用的转行者"，求职者不仅要讲得合理、真诚，而且要讲得有逻辑、有亮点、有准备。

很多求职者以为"实话实说"就是真诚，实际上，一些看似坦率的表述，会让面试官下意识地为求职者贴上"不稳定""情绪化""抗压能力差"等负面标签。

关于"为什么转行"的问题，求职者应避开的答复

第一种答复："之前的行业不适合我，我对现在这个行业比较感兴趣。"

面试官可能会质疑求职者的职业决策是否随意，兴趣能否支撑个人的长期发展。

第二种答复："之前的行业薪资太低。"

这会让人担心求职者将来也可能因为薪资跳槽。

第三种答复："上一份工作太累了/不好干。"

这句话可能暗示求职者的抗压能力或职业韧性不足。

第四种答复："我觉得年轻就该多尝试。"

虽然这种答复符合"00后"的表达风格，但在职业语境中略显随意。

（续）

> 第五种答复："我想换个环境。"
> 这种表达模糊、动机模糊的答复非常缺乏说服力。

以上这些答复存在的共性问题是：求职者缺乏职业规划的逻辑性和以结果为导向的思维，容易让面试官认为求职者是"被动离职、冲动转行"，而非"主动选择、理性规划"。

相比于传统的"兴趣驱动"或"逃避原行业"的表述，更推荐使用以下的回答结构："业绩 + 迁移能力 + 准备"。

1. 讲业绩：突出过往成就，证明自己的能力

转行不是从零开始，而是一次对自身价值的重新包装。求职者需要传达的信息是"我不是因为做不好才离开，而是在成功的基础上追求更匹配的赛道。"

> **如何讲业绩**
>
> **讲成果：** 曾经的具体项目成果，最好是可量化的。
>
> **讲作用：** 个人在团队中的核心作用。
>
> **讲成就：** 讲自己被认可、被提拔的经历。
>
> **讲能力：** 讲自己积累的能力，如数据分析、流程管理、用户洞察等。

2. 讲迁移能力：解释已有经验如何适用于新行业

面试官关心的是求职者能不能把积累的经验转化为新价值。这里的重点是，求职者要指出两个不同岗位之间的"共通能力"，如项目管理能力、跨部门协作能力、用户视角、快速学习与适应能力、执行力与抗压能力等。

> **如何讲迁移能力**
>
> **阐述岗位职责：** 明确说出自己了解这个岗位的职责，这说明求职者准备充分。
>
> **找"对标"：** 找出原来岗位中与自己即将应聘岗位相通的工作内容。
>
> **举例说明：** 举一个能说明自己具备该能力的实际案例。

3. 讲准备：体现求职者对新行业的了解和决心

一个有吸引力的转行者，不能只有"意愿"，还要有"投入"。求职者的任务是让面试官看到，自己不是来碰运气的，更不是冲动为之，而是有明确规划地进入这个行业。

如何做好"准备"

第一，主动研究行业、体验产品。

第二，学习相关知识、考取证书。

第三，进入相关副业兼职或实习。

第四，向行业内的人请教，甚至做出个人项目或案例。

假设求职者原本在教培行业担任用户运营专员，现在希望转行到生鲜电商领域的项目管理岗位，可参考以下表述。

从教培运营岗位转向生鲜项目管理岗位示例

（第一步：讲业绩。）

"我在教培行业工作三年，一直负责用户运营工作。曾带领团队在某促销节点实现单日 GMV 突破 200 万元，在行业内属于较高水平。虽然行业环境发生了变化，但这段经历让我积累了扎实的运营和沟通能力，也让我更加明确地想要在更有发展潜力的行业中深耕。"

（第二步：讲迁移能力。）

"在教培行业工作期间，我需要频繁协调客户、内容团队和产品开发团队，这锻炼了我的项目统筹和资源整合能力。我了解到贵司的项目管理岗位也需要协调多个业务环节，我相信我的过往经验在流程管理和跨部门沟通方面能够高度契合。"

（第三步：讲准备。）

"我对生鲜电商行业很感兴趣，近期也作为用户在多个平台上体验服务，比较了用户流程与产品结构，并做了初步分析。此外，我已开始系统学习电商项目管理的相关知识，并制订了三个月的自我提升计划，以确保能够快速胜任项目管理岗位。"

此外，求职者可以借助 AI 工具帮助自己高效应对转行方面的问题。

如何用 AI 工具辅助回答"为什么转行"

第一步：用 AI 工具拆解岗位需求，找出转行切入点。

提示词示例："请帮我分析某生鲜电商公司项目管理岗位的核心能力要求，以及我作为用户运营专员该如何迁移已有能力。"

第二步：用 AI 工具生成模拟问答，反复打磨回答逻辑。

提示词示例："我是从教培行业转向电商行业的应聘者，请帮我模拟面试中关于'为什么转行'的问题，并优化我的回答逻辑。"

应对转行这类面试问题的关键是有策略、有准备地体现自己的价值。如果求职者能清楚表达自己"曾经做得不错""现在有能力胜任""未来已经准备好了"，不仅能打消面试官的疑虑，还能让自己在新的职业赛道上更快地跑起来。

三、学历低：承认不足 + 展现态度 + 突出亮点 + 展望未来

在求职面试的过程中，一些学历不占优势的求职者经常会遇到这样的情况：面试官提出疑问"我们公司的招聘要求是本科，但你是专科""你的学历似乎不符合岗位要求"，等等。面对这种情况，求职者应该如何应对，既能坦诚地表达自己，又能打消对方的疑虑呢？

"四步回应法"不仅能展示求职者的成熟度和反思能力，还能有效引导面试官关注求职者的综合价值（如图 6-1 所示）。

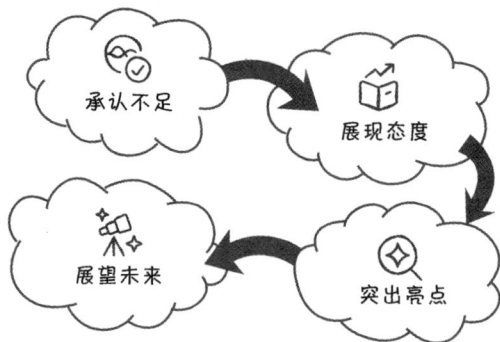

图 6-1　四步回应法

1. 承认不足

能够进入面试环节，已表现了用人企业对求职者整体能力的初步认可。虽然求职者在简历中已明确标注了第一学历，但企业仍愿意安排面谈，就说明学历并非其唯一评估标准。因此，当面试官提出学历方面的疑问时，求职者无须回避问题。恰当的做法是坦诚承认差距，并结合自己的选择过程展示理性思维和成长意识。

"是的，我在高考时确实没有发挥好，只考上了专科。当时我也考虑过复读，但认为与其再花一年时间学习高中的知识，不如尽快进入大学，把更多的精力放在能力提升上。"

求职者这样的回答一方面坦率承认现实，另一方面也表达出了在有限条件下的积极应对和独立判断，传递出了成熟、理性的职业素养。不仅有助于化解学历劣势带来的质疑，也为后续展示个人优势创造了空间。

2. 展现态度

在承认学历不足之后，求职者就要展现出自己对过往经历的反思，以及为弥补差距付出的努力。比起空泛的承诺，用事实和数据讲故事更能打动面试官。

"为了不让学历成为限制自身发展的因素，我在大学期间非常注重实践与积累。大三时，我主动参加了多家公司的实习项目，还在业余时间系统学习了专业技能。虽然起点较低，但我始终保持着积极进取的态度，力求通过不断地积累弥补自己在学历上的不足。"

这样的表述不仅表明求职者没有因学历自我设限，反而将"逆境"转化为成长的驱动力。这种"积极应对"的心态是企业在选人时极为看重的特质。同时，求职者也可以适度加入自己对职业发展的长期规划，强化面试官对个人"可塑性"的认可。

3. 突出亮点

学历可以是"敲门砖"，但真正打动人心的往往是求职者"进门后能做出什么成绩"。所以，在说明自己的实际能力时，建议求职者围绕"经验＋成就＋价值"三个维度展开。

"毕业后，我先后在两家不同行业的公司担任运营相关工作，主导过多个从 0 到 1 的项目。例如，我曾带领团队完成一项用户增长活动，三周内实现 App 注册量增长 25%。虽然我没有高学历，但我相信，解决问题的能力比学历更能创造价值。"

这种方式能够迅速引导面试官将注意力从学历问题，转移到求职者的实际贡献和岗位匹配度上。切记：越是非"传统优势"，越要主动讲清楚自己"独特的不可替代性"。

此外，建议求职者结合岗位需求，突出自己的技能契合点。例如，如果岗位重视数据分析，就要重点提及自己在数据处理、工具使用，如 Excel、SQL、Python 等方面的熟练程度。只有这样才能让面试官看到："虽然学历不是最亮眼的，但你确实能干实事。"

4. 展望未来

回应学历类问题的最终落脚点，应该是求职者对未来发展的清晰思考和持续、主动的学习意愿。用"未来愿景"化解"过去不足"，是面试中转劣势为优势的关键策略。

"虽然我没有高学历，但我一直保持着学习的习惯。最近我正在准备考取×××证书，希望通过专业认证进一步提升自己的能力。我相信，真正决定一个人的职业发展高度的，是学习能力、适应能力和解决问题的能力。"

在这个阶段，面试官关注的已经不是求职者"学历低不低"，而是求职者"能不能跟上组织的发展""是否值得投资培养"。因此，求职者传达自己的"成长型思维"和"自我驱动的学习力"，比展示一份漂亮的学历更加实用和可信。

求职者还可以借助 AI 工具提前准备一套结构清晰、内容丰富的回答模板。

提示词示例：

"请帮我写一段面试答复，用于应对'你的学历偏低'这个问题，要求表达诚恳、有逻辑，包含自我反思、实际成长经历、能力优势及未来学习计划。"

当求职者能够以开放的心态承认不足，以踏实的行动弥补短板，用真实的成绩取得信任，并展现自己对未来的清晰愿景时，学历就不再是限制求职者发展的"标签"了。在现实职场中，能力、态度、潜力、适应力才是决定求职者能走多远的真正因素。

四、管理岗：掌握 4 类问题，轻松应对高阶考察

相较于普通岗位，管理岗面试更注重对求职者管理能力的深入考察。管理岗面试通常包括以下 4 类常见问题，如图 6-2 所示。

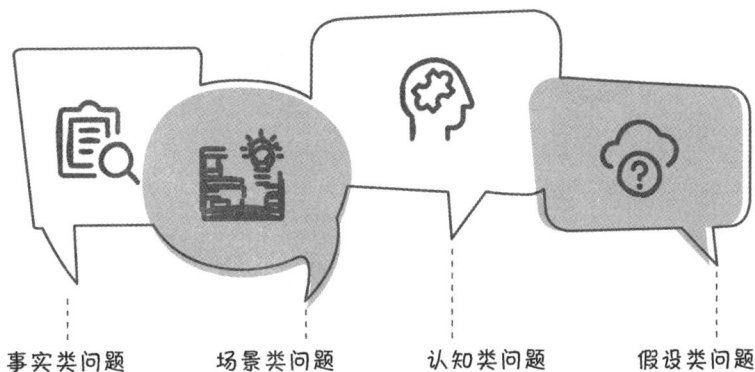

事实类问题　　场景类问题　　认知类问题　　假设类问题

图 6-2　管理岗面试的 4 类常见问题

1. 事实类问题

这类问题关注求职者的真实管理背景，核心在于评估其是否具备与目标岗位匹配的经验与能力。这类问题没有标准答案，但求职者的回答必须真实、可信。

事实类问题示例

"你曾管理过多大规模的团队？"

"你的汇报对象是谁？"

"你所在团队的核心业绩指标有哪些？"

"你接受过哪些管理培训？"

为了更高效地应对事实类问题，建议求职者提前准备一份简洁的管理履历表，主要聚焦四个关键维度，即管理层级、组织架构、业务成果、培训背景。

在这部分，求职者可以借助 AI 工具整理和优化管理履历，让表达更加清晰、简洁、专业。

提示词示例:

"请帮我整理一份简洁的管理履历,包含管理人数、汇报对象、核心团队成果和培训经历,不超过 300 字,适用于面试中回答相关问题。"

2. 场景类问题

场景类问题主要考察求职者在实际管理工作中的行为模式与能力表现,聚焦目标制定、团队搭建、冲突处理等具体情境。

> **场景类问题示例**
>
> "你如何制定并分解团队目标?"
>
> "你如何组建并扩张团队?"
>
> "你在管理过程中遇到的最大挑战是什么?你是如何解决的?"
>
> "如果团队新人培养困难,你会怎么做?"

面对场景类问题,建议求职者提前准备 3 个典型管理案例,并将讲述每个故事的时间控制在 2 分钟以内。内容重点是"如何做",而非"发生了什么"。

在这部分,求职者可以借助 AI 工具模拟真实场景提问,练习答题逻辑并接受反馈优化,提升表达的完整度与说服力。

提示词示例:

"请模拟一个管理岗位面试,提出三个关于目标管理与团队建设的真实场景问题,我将逐个作答,请你对我的回答做出优化建议。"

3. 认知类问题

认知类问题考察的是求职者的管理理念与认知深度,没有标准答案,但求职者的回答要体现出其管理格局。

> **认知类问题示例**
>
> "你如何看待团队内部竞争?"
>
> "你的管理风格是什么?"
>
> "你认为销售管理中最重要的是什么?"

针对认知类问题，推荐求职者采用"本质—方法—经验"三段式表达结构。同时，求职者可结合自身的管理关键词，如"透明沟通""目标共识""授权信任"等，增强表达的专业性。

在这部分，求职者可以借助 AI 工具提炼管理观点、优化表达结构，将理念转化为有逻辑、有深度的内容。

提示词示例：

"请帮我优化以下文字，使其更具管理者视角，并使用'本质—方法—经验'的结构表达'我觉得团队竞争有好有坏，看怎么管'。"

4. 假设类问题

假设类问题聚焦求职者对潜在问题的预判能力与应对策略，是衡量其是否具备"想得深、看得远、做得稳"特质的关键。

假设类问题示例

"如果你加入我们公司，你认为自己会遇到的最大挑战是什么？"

"我们目前面临预算紧张的问题，你会如何优化资源？

针对假设类问题，建议求职者根据目标岗位和行业特征，提前准备两类"假设问题＋解决策略"，例如，围绕"资源限制"和"组织变革"，分别使用"问题识别→影响分析→行动方案"结构作答。

在这部分，求职者可以借助 AI 工具进行情景推演与策略模拟，构建结构清晰、逻辑严密的回答框架。

提示词示例：

我应聘一家制造型企业的生产副总，请模拟一个在资源紧张情况下的假设类问题，并给我一个结构清晰、逻辑严密的答题建议。

管理岗面试并不是比"谁更完美"，而是比"谁更清晰、更可信、更有章法"。建议求职者把这四类问题逐一自问自答一遍，再借助 AI 工具进行优化训练。只要熟练掌握方法论，面对任何高阶面试问题，求职者都能从容应对。

五、应届生求职：状态 + 能力 + 人格特质

对于应届毕业生来说，求职时比拼的不只是"我会什么"，更关键的是"我如何让面试官相信，我能胜任这份工作"。

当求职者和同校、同专业的同学竞聘同一个岗位时，简历上的内容往往大同小异，课程背景、项目经历都相差无几。这时，决定成败的往往不是"谁写得更好"，而是"谁讲得更动人"。

求职者需要让面试官看到，自己有成长的意愿、做事的能力，以及靠谱的人格特质。这三类特质构成了应届生在面试中脱颖而出的关键条件，具体内容如图6-3 所示。

图 6-3 应届生在面试中脱颖而出的关键条件

1. 状态

对于没有正式工作经验的应届生来说，最常被问到的问题就是"你真的能胜任这份工作吗？"

在工作能力还难以量化的时候，面试官会更关注求职者的学习意愿、投入程度和成长动力。用一句话概括就是：不是求职者现在有多强，而是求职者是否愿意变强。

这种感觉并不空泛，它是可以通过具体的表达展现出来的。

如何展现积极的状态

主动表达：对岗位的理解和热情。

描述过程：描述自己学习新技能、解决问题的过程。

讲述努力：讲述自己曾为一个目标付出的努力。

明确态度：明确表达"愿意从零做起、持续进步"的态度。

这些内容通常会出现在"你为什么想加入我们公司""你如何看待自己的职业发展"这类问题中。求职者可以提前准备一两个能体现个人学习力、上进心的故事。如果求职者觉得难以组织好语言时，不妨借助 AI 工具梳理表达思路，打磨成简洁有力的回答。

提示词示例：

请根据以下内容帮我整理一次能体现我学习能力和上进心的经历，用于回答面试问题"你认为自己最大的优势是什么？"语气真诚、有热情，表达时长控制在 1 分钟内。

2. 能力

很多应届生常常焦虑"我没有工作经验"，但实际上自己有不少内容可以展现。课题研究、实习经历、竞赛项目、社团活动、志愿服务，甚至是兼职打工都可以成为求职者表现能力的证据。

对于应届生来说，关键不在于"你做了什么"，而在于"你承担了什么""如何解决问题""从中学到了什么"。

与其说"我参加过校内创业大赛"，不如表达为"我在大赛中担任市场调研负责人，为产品制定了初步目标用户画像，最终帮助团队获得优秀奖。这次经历让我认识到用户调研在产品决策中的关键作用。"

求职者可以将自己的经历按照"角色→过程→成果→收获"这四个维度进行拆解，再用 AI 工具优化语言，让内容更紧凑、亮点更突出。

提示词示例：

请帮我把以下经历转化为简洁、有逻辑的面试表达，突出我的主动性和解决问题能力：我在学校创业大赛中负责市场调研工作，调研了用户需求并制作了简报。

3. 人格特质

当求职者的能力和经历尚不足以形成绝对优势时，人格特质就成了求职者能否脱颖而出的关键。毕竟，很多公司在招聘应届生时，更关注的是"这个人是否值得培养""是否适合团队合作""是否拥有良好的成长潜质"。

与其空泛地说"我是一个有责任心的人"，不如具体表现出自己在沟通、时间管理、解决冲突等方面的能力和态度。

"我喜欢团队合作，也擅长在分歧中寻找共识。"

"我习惯提前安排任务，避免到了最后一刻才动手。"

求职者可以回忆一下自己最常被老师、同学认可的几个特点，把它们提炼成简短的语句，在简历或面试时自然提及。如果不好总结，也可以让 AI 工具帮自己归纳表达。

提示词示例：

请帮我用正面语言总结 3 个适合职场新人展示的性格特点，并给出简短表述，适合在面试中使用。

面试不是选"最完美的人"，而是选"最清楚自己想要什么并愿意为之努力的人"。对于应届生求职者来说，并不需要提前成为一个"成熟职场人"，只需要用清晰、自信、有热情的方式，告诉面试官："我可能不完美，但我愿意学，我愿意干，我愿意变得更强。"这就是求职者最真实、最有力的能力证明。

六、压力面试：充分准备，保持冷静

在面试的过程中，面试官有时会提出带有质疑、挑战甚至冒犯意味的问题。

"你这么年轻就当项目经理了吗？"

"你这么久没有找到工作，是能力问题还是运气不好？"

"你学历这么低，学习能力不会跟不上吧？"

这类问题通常被称为"压力型面试问题"，面试官提出这类问题的目的往往不是直接否定求职者，而是通过制造压力，测试求职者的心理素质、表达能力及应变能力。

常见的压力型面试问题有以下四类，如图 6-4 所示。

图 6-4 常见的四类压力型面试问题

面对这类问题时，求职者如何做到既不失礼貌，又能从容应对呢？以下是四类常见的压力面试问题的拆解及具体应对方法。

1. 质疑型问题

"你这么年轻就当项目经理了吗"这类问题表面上是在质疑求职者的能力，但实际上，面试官可能更想确认求职者是否具备与目标岗位匹配的实战经验和思维能力。面对这样的提问，建议求职者以事实为基础，积极正面地回应，顺势讲述项目的背景与成果。

求职者可以在 AI 工具中输入类似问题，让 AI 工具帮助自己生成几种不同风格的回答（如正式型、自信型、幽默型等），并挑选最贴合自己风格的版本进行打磨。求职者还可以要求 AI 工具根据自己的项目经历，生成符合 STAR 法则（情境—任务—行动—结果）的回答模板，帮助自己精准叙述。

提示词示例：

请帮我生成一个关于"年轻项目经理"的面试回答，基于 STAR 法则，风格偏自信和事实型。

回答示例：

"是的，我进入公司两年内晋升为项目经理，一开始很多同事也觉得挺意外。其实是因为我在多个跨部门项目中表现出了较强的协调和推进能力，公司也给予了我很多机会。当时我带领两位实习生，从 A、B、C 三个方向展开推进，最终项目提前两周上线，用户满意度超过预期，公司给予我们高度认可。"

2. 追问型问题

当求职者在回答"如果你负责一个新项目，初期会向合作方提出哪些问题"后，面试官还在继续追问："还有吗？还有呢？"这类"连珠炮式"的追问是为了测试求职者的条理性与抗压能力。面对不断追加的问题，求职者需要用"分类总结"的方式，跳出面试官的追问节奏。

求职者可以借助 AI 工具帮助自己把面试官常问的业务问题"结构化"。

提示词示例：

"我如何准备一份与合作方初次沟通的问题清单？请按逻辑分类列出。"

AI 工具可以输出分类维度，如项目背景、资源、风险、进度、需求等，求职者可以根据这些分类再补充具体细节。这样一来，即使面对多轮追问，求职者也能从容应对。

回答示例：

"通常我会围绕四个维度进行了解：一是合作背景及目标定位；二是双方资源投入与支持程度；三是项目进度与时间安排；四是潜在风险及应对方案。这些问题往往需要在多轮沟通中逐步解决，我也会持续关注合作方的反馈和需求变化。"

3. 跨领域问题

"你是从事运营工作的，你怎么评价我们产品的设计逻辑？"有时候面试官会刻意提出一些与求职者职责不完全相关的问题，以此测试求职者的视角宽度、跨职能协作意识等。这时求职者不能直接说"我不清楚"，而是要把话题拉到个人擅长的领域中，再自然延展。

求职者可以用 AI 工具构建行业知识图谱或产品与职位关系图，帮助自己掌握常见术语与边界感。提前模拟这样的场景问题并练习，求职者也能建立自己的信心和表达路径。

提示词示例：

"请分析产品经理与运营专员在电商行业中的协作关系，用简单明了的语言说明区别和交集。"

回答示例：

"我们公司当时尝试将产品与运营拆分为更独立的两个团队，所以我并没有深度参与产品决策。但这种模式让我们运营团队能更专注在数据分析与用户增长方面，确实取得了不错的成效。如果您对这个合作模式感兴趣，我也可以分享更多细节。"

4. 不当或冒犯性问题

不当或冒犯性问题如"你性格孤僻，你认为自己能胜任销售工作吗？"此类问题极少出现，如果求职者遇到，直接反击就可能使面试陷入僵局。适当幽默＋轻松回应往往能更巧妙地展现求职者的情商，也能缓解面试中紧张的气氛。

求职者可以提前让 AI 工具帮自己生成几种化解冒犯问题的回答模板，预先准备"幽默但得体"的回应风格。同时，求职者还可以开启 AI 工具的角色扮演功能，模拟这种非理性场景，提高自己的心理应变能力。

提示词示例：

"请帮我设计几种幽默但得体的回答，用于应对带有冒犯意味的面试问题。"

回答示例：

"我没有觉得自己孤僻，我更倾向于深思熟虑型性格——这种性格也挺适合销售工作的，毕竟不冲动更容易读懂客户。"

如果问题涉及人身攻击，求职者可礼貌拒绝。

"我希望我们能将关注点聚焦在我的职业能力和岗位匹配度上，这部分我准备得很充分。"

压力型面试问题听起来"咄咄逼人"，其实只要求职者识别清楚类型，准备好结构化应对策略，再结合 AI 工具进行模拟训练与语言优化，就能大幅提升自己的心理稳定性与语言表达力，轻松打赢面试这场"心理战"。

解释职业空窗期的最好方式，
是把时间变成
"能力储蓄期"。
转行者的核心竞争力
不在于"能做什么"，而在于
"凭什么能做成"。
面对压力面试，镇定可以让
你的答复更具锋芒。

第七章

案例实战：从理论到落地

本章通过 8 个真实的面试案例，全面展示了从面试理论到面试实践的转化过程。案例中的岗位涵盖产品经理、销售管理主管、财务分析经理、运营副总监等。每个案例结合岗位特点与面试实况，帮助求职者深入理解面试官的招聘需求，以及求职者的面试逻辑与应对策略，提升实战能力与职场竞争力。

一、产品经理面试

1. 职位描述

招聘职位：产品经理（运营方向）

职责描述：

（1）负责 ×× 磁共振创新平台产品运营工作，深度挖掘客户需求，及时响应客户；

（2）洞悉客户和市场需求，基于创新业务制定分群客户运营战略及客户运营体系；分析客户全生命周期各节点服务需求，对客户的服务感知进行精细化运营和管理；

（3）负责数字化客户运营业务，包括客群分层、年度运营规划、运营工具及系统设计、优化运营流程等，完成客户运营和业务运营目标；

（4）赋能分群客户，负责运营策略建设和应用，包括但不限于搭建运营数据监控体系、自动化策略应用流程等；

（5）负责客户权益体系设计及营销规划，用"产品＋服务"提升客户黏性及满意度；

（6）负责市场活动策划，并监控整体活动效果，包括但不限于品牌宣传、策划创意、内容营销等。

任职要求：

（1）不少于两年的产品运营工作经验，能够独立完成运营项目，有 B 端产品运营 / 客户运营经验优先，有 0—1 或 1—10 的成功案例优先；

（2）擅长从客户的角度思考问题，深入了解客户思维，逻辑能力强，对各种难题有结构化的分析与解决方案，具有运营规划能力和执行力；

（3）有业务拉新增长经验，能够通过客户和产品调查发现新的增长机会，具有活动策划、方案撰写、流程设计和后期执行等经验；

（4）善于横向沟通，项目推进力强，抗压能力强。

2. 产品经理面试实战案例

面试官：你好。请做一个简单的自我介绍。

求职者：您好！我叫×××，这次应聘的是产品经理偏运营方向的岗位。我有 7 年工作经验，主要分为两个阶段。

第一个阶段是毕业后进入医药研发和医疗器械行业，在××科技公司负责研发工作，熟悉整个研发流程。

第二个阶段是在 2020 年年底加入××医疗，这是一个生命科学领域的数字化运营平台。我负责随机系统的项目管理工作，累计交付了 100 多个项目。在项目执行过程中，我会根据客户的分层、项目特点及阶段，提供个性化、精细化的运营管理服务。通过与客户的沟通提升了我的用户思维能力，促使我善于从客户的视角挖掘需求并提出解决方案。

在日常工作中，我注重流程梳理与总结，能够输出效率工具和标准化流程，使单个项目交付时间缩短 10%，提升了客户体验，得到了内部的积极反馈。

整体来看，我具备项目管理、用户思维和分析总结能力，也有一定的大客户拓展和业务维护经验。如果您对某段经历感兴趣，接下来我们可以详细交流。

最近因公司经营情况不佳，相关业务逐步外包，我放弃了去子公司带团队的机会，想寻求更有成长空间的平台。了解到贵公司发展迅速，并且岗位职责与我匹配，因此非常希望有机会加入并深入交流。

面试官：你之前有涉及客户运营的工作吗？

求职者：有的。

面试官：××医疗的客户主要是哪些类型？

求职者：主要是医药企业、科研机构及 CIO 公司（提供企业信息化和数字化转型服务的专业机构）。

面试官：你如何对客户进行分层？有哪些维度？分为几层？

求职者：这个部分我不是很了解。

面试官：好的。你对我们公司了解吗？我们是做磁共振的创新平台。

求职者：我了解到贵公司是一家高端医疗影像设备公司，业务包括诊

（续）

断、治疗及数字化解决方案，产品涵盖 CT、核磁分子影像和放疗设备等。

面试官：你认为我们的客户可能有哪些需求？

求职者：贵公司是赋能磁共振产品的创新平台，主要解决硬件与软件的信息壁垒，提升图像质量、加快扫描速度、优化用户体验。

面试官：你之前工作的 KPI 是如何设定的？

求职者：主要围绕项目数量、交付周期、客户满意度和交付质量来设定。

面试官：我们这边的岗位考核不仅包含客户运营，还有业务运营指标，你有接触过类似的工作吗？

求职者：我主要负责项目交付，但也涉及客户运营和业务拓展。例如，售前方案支持销售签约，以及通过服务经验挖掘客户后续需求，推动二期、三期项目的开展。同时也会根据前期反馈意见优化方案，促成下一阶段的签约。

面试官：你参与过市场活动或活动策划吗？

求职者：我主要参与客户成功案例的撰写，在活动策划和执行方面没有相关经验。

面试官：你们会做年度运营计划吗？

求职者：我们通常会做项目管理计划。

面试官：所以你的工作还是以项目管理为主，运营工作的内容侧重于项目交付后的维护，对吗？

求职者：是的，运营部分主要体现在项目上线后的持续服务与优化。

面试官：好的，我了解了，今天我们先聊到这里。

3. 面试点评与优化建议

（1）自我介绍：内容泛化，脱离岗位匹配点

①面试点评

从开场的自我介绍可以看出，求职者准备得比较充分，但内容显得比较模板化、缺乏针对性。尤其是对此前工作经历的描述，没有很好地聚焦目标岗位的核

心诉求。例如，提到"业务拓展""客户拓展"的经历较多，而其面试的岗位是产品经理偏运营方向，目标岗位的工作内容并不涉及客户拓展。

②优化建议

自我介绍应突出与产品运营相关的部分，如客户需求响应、流程优化、运营数据总结等。此外，建议在介绍完每段经历后总结 1 ～ 2 点与目标岗位相关的能力，用关键词概括，目的是强化自身与目标岗位的匹配度。

（2）问题回应：缺乏互动，回答封闭

①面试点评

在面试官提出关于客户分层、运营计划、活动策划等问题时，求职者的回应基本为"没有相关经验"或"不是很了解"。这种回答方式很容易中断对话，让面试官感到沟通不顺畅。

②优化建议

即使求职者对某些工作没有经验，也可以做适度延展。

"我们以前确实没有明确的客户分层模型，但在项目开展的过程中我会根据客户体量和业务复杂度做一些定制化的支持。如果方便的话，能否请您稍微说明下贵公司在这方面的典型做法？我也希望能加深理解。"

求职者在面试中要避免"封闭式回答"，遇到不会的问题可通过反问或类比自身经验展开，表现出自己学习与思考的能力。

（3）岗位理解：对 JD 缺乏解读，未准确对标对方诉求

①面试点评

当面试官询问对公司及岗位的理解时，求职者的回答较为表层，仅停留在从官网了解到的资料，没有结合岗位核心诉求进行深入回应。

②优化建议

"虽然我没有直接做过磁共振产品的相关运营，但从您的介绍来看，这个平台更多的是打通软件与硬件之间的数据闭环，帮助客户提升图像质量和效率。这个场景和我之前做过的系统优化项目中'多角色协同＋交付流程优化'有相似之处。"

二、销售管理主管面试

1. 职位描述

招聘职位：销售管理主管

职责描述：

（1）客户管理：负责客户商机管理、客户数据统计与分析等；

（2）销售管理支持：支持销售人员的日常工作，衔接各部门操作、报价，协助销售人员开展日常流程、处理服务事项等；

（3）目标拆解：根据总部战略和经营目标，协助区域总经理制定各组的销售目标并实施市场开发推广计划；

（4）数据分析：协助统计销售和业务分析报表，核对处理异常数据；

（5）销售支持：协助维护销售数据，包括客户资源管理、销售会议记录、销售报告、销售拜访记录、销售线索管理等；

（6）应收盘点：协助盘点应收账款情况，确保应收账款的及时回收；

（7）完成上级领导交办的其他工作。

任职要求：

（1）本科及以上学历，有客户管理工作经验；

（2）具备良好的数据分析能力；

（3）具有客户管理经验，掌握一定的客户管理等知识；

（4）具有团队和创新精神，以及敏锐的市场洞察能力，强烈的责任心和勇于担当的品质；

（5）具备沟通能力、协调能力、创新能力和服务意识。

2. 销售管理主管面试实战案例

面试官：你好，请简单地介绍一下自己。

求职者：您好！我叫×ｘ，非常感谢贵公司给我这次面试机会。我这次面试的是销售管理主管。我有 12 年的从业经验，一直在市场端从事支持与管理类工作。我的经历分为三段，最主要的是近年在北京的这两段工作经历。

（续）

2016 年我来到北京，加入了 A 通信公司，任职 7 年。我以运营专员身份入职，大约一年半后公司进行组织架构调整，设立了 5 个二级部门，我有机会晋升为其中一个二级部门的负责人。之后协助总经理统筹管理所有子部门，同时也承担跨部门综合管理的职责。

我的工作主要包括四个部分，分别是业务统筹和整体流程管理、数据统计与经营分析、招投标管理、团队建设及日常管理。

初期我的工作偏重后台支撑，后期逐步负责整体统筹，通过流程优化与制度建设，提升了团队效能，保障了业绩目标达成。

面试官：A 通信公司具体是做什么的？

求职者：这家公司有金融和通信两个业务板块，我所在的是通信板块，主要代理三大运营商业务，覆盖 To B 和 To C。上游对接运营商和一级代理，下游服务 To B 客户，如代理商、银行、保险类客户及 C 端用户。

面试官：你和销售对接工作吗？

求职者：对接。初期我并没有直接参与销售，但随着岗位职责扩大，我也承担了销售管理责任，并直接承担了部分业务的 KPI。我对业务链的各环节非常熟悉，后期还参与市场分析和销售策略制定工作，连续三年超额完成销售目标。

面试官：你为什么离开 A 通信公司？

求职者：一方面是个人发展空间有限，另一方面行业处于明显下行趋势。我在高峰期与下滑期都经历过，评估后决定离开。

离开后，我加入 B 公司新组建的市场营销体系，担任商务支持经理，管理三人团队，并协助另外两个子部门。我负责三大核心工作内容，包括业务数据分析与流程搭建、会务调度与统筹、绩效考核及业务赋能支持。我的工作重点是业务数据分析及会务管理。

面试官：会务管理是什么？

求职者：会务管理是指总部组织的常规会议管理。每天有早晚例会，月中有业务调度会，区域负责人参与，汇报业务进度、提出问题，总部也会提供政策支持及解决方案。

（续）

面试官： 你在 B 公司没有销售管理经验？

求职者： 对，我在 B 公司主要负责商务支持工作，不涉及销售管理工作。我的销售管理经验主要集中在 A 通信公司。

面试官： 从简历上看，你在 B 公司只工作了半年，原因是什么？

求职者： 主要是家庭突发情况。老人患重病住进重症监护室，需要我回家照顾。加上当时公司加班频繁，工作时间长，短期内找不到平衡方案，所以我只能先离职处理家庭事务。

面试官： 你之前做客户管理工作时有商机管理的经验吗？

求职者： 有。我们会根据客户体量进行分级管理，A、B、C 级客户匹配不同的维护策略与政策。同时按客户来源进行归类，赋予它们不同的业务指标。商机来源主要依托金融板块积累的客户资源，叠加通信业务形成整合优势。

面试官： 你有协助销售人员处理日常事务的工作经验吗？如报价、数据处理、售后等。

求职者： 有的。我在没有承担销售 KPI 之前，曾负责报价、数据处理及服务支持，协助约 30 名销售人员的日常工作。

面试官： 你们的销售目标是如何拆解的？

求职者： 以集团总目标为基础，先按八大区域拆分，再根据各区域的历史业绩、经营状况进行调整，最终落实到各销售人员。例如，B 公司就是按组织架构逐层下放目标的。

面试官： 你在与销售人员合作的过程中遇到过什么挑战吗？

求职者： 主要挑战来自销售人员对价格策略的不满，认为政策不合理、竞争力不足。我们会基于市场反馈情况及成本控制政策进行调研和调整。客户等级也作为政策制定依据，按 A、B、C 级匹配不同的价格与推广支持，确保业务有效落地。

面试官： 你在销售管理工作中怎么看待"异常数据"？又是如何识别的？

求职者： 我主要关注三类异常。第一类是销售额波动异常大，例如，一天从 100 万元暴增至 500 万元；第二类是产品结构异常，例如，A 产品突然

（续）

暴增，B 产品骤降；第三类是利润异常波动，出现突涨或突降。发现异常后，我会立即核实情况，必要时联系代理商或客户进行调查，同时通过行业 App 模拟下单等方式了解真实的市场变化。

面试官：你了解我们公司吗？

求职者：了解一些。贵公司在公路运输板块属于国内头部企业，行业地位和市场份额都很有竞争力。

面试官：好的，谢谢你的回答。今天的面试先到这里。

3. 面试点评与优化建议

（1）自我介绍内容堆砌，没有聚焦 JD

①面试点评

求职者用了大量篇幅介绍组织架构和流程类内容，例如，"设了 5 个二级部门""管理三人团队"，但这与其应聘岗位的 JD 无关，反而让面试官感到信息过载。

②优化建议

求职者的每一句话都要围绕 JD 来讲。例如，销售管理主管的 JD 里提到了"客户商机管理"，求职者就该围绕"我是如何识别、推进、转化商机"的实际动作来讲。其他内容如组织结构、行政支持，除非特别相关，否则可一带而过。

（2）缺乏客户画像和行业背景的认知

①面试点评

求职者并没有对自己服务的客户类型做清晰分类，导致面试官必须打断并追问。

②优化建议

建议求职者用"想象"法做 JD 贴合。

"我原公司服务的客户中，也包括大量中小 B 端渠道商，客户管理策略与 G7 物联有一定的相似性。例如，我们也按 A、B、C 进行客户分级管理，匹配不同的服务策略……"

（3）表达过于零散，缺乏逻辑性

①面试点评

求职者在自我介绍部分先讲时间、再讲结构、又突然跳到KPI，导致面试官抓不住重点。讲述B公司那段工作经历时求职者用了"会务"一词更是引起了面试官的质疑。

②优化建议

建议求职者使用"STAR法则"（情境—任务—行动—结果）清晰表达每段经历。同时，要避免词汇误用，例如，"会务"更适用于会议活动策划，不适合描述内部协调工作，可改为"总部销售例会支持""业务复盘协调"等更准确的表述。

（4）岗位匹配度不强，缺乏迁移能力表达

①面试点评

求职者在B公司的工作经历虽然在"支持"上与目标岗位的JD有所关联，但行业、客户完全不同，求职者也没有讲清"如何迁移经验"。

②优化建议

求职者要主动做"经验映射"，可以像下面这样答复。

"虽然B公司所在行业与贵公司不同，但在销售支持的逻辑、目标拆解、数据分析方法上具有共通性。例如，我们也以总部目标为基准，逐层拆解至区域及个人，在这个过程中我主导了××系统的数据模型搭建……"

三、商业分析专家面试

1. 职位描述

招聘职位：商业分析专家

职责描述：

（1）内部经营分析：基于业务目标及商业模式，搭建全面、准确、客观的指标体系和监控框架；同时，基于业务监控体系，清晰洞察业务全局和定位业务问题；

（续）

（2）通过分析报告或专题研究等形式，对业务问题进行深入分析，为平台机制、行业 / 商家策略、产品方向、资源投入策略等业务决策提供数据和分析支撑，输出经营管理建议，协助达成业务目标并提升效率；

（3）总结监控体系及分析方法，抽象、提炼数据产品需求，与产品、商业智能分析等相关团队开展跨部门合作并推动数据产品的落地；

（4）市场研究及分析：关注跨境电商赛道的动态，分析和跟踪业内商家的业务动作与表现，输出行业分析洞察报告。

任职要求：

（1）3 年以上商业数据分析或数据挖掘工作经验；

（2）具备数据敏感性和探知欲，善于挖掘业务机会，能够进行行业业务决策及风险预判；

（3）善于整合资源，业务推动能力强；

（4）具备较强的逻辑思维，内外部沟通协同能力强；

（5）具备较强的业务分析和业务整体策略规划能力。

2. 商业分析专家面试实战案例

面试官：你好，请先简单做一下自我介绍。

求职者：您好，我叫 ×××，很高兴参加今天的面试，这次面试的是商业分析专家岗位。我从事数据分析和项目管理工作已有 9 年多的时间，主要集中在电商和零售行业。

我职业生涯的前期在两家创业公司，分别是 A 公司和 B 公司，从事数据运营的相关工作。在这个阶段，我积累了电商体系的数据分析经验，尤其在用户运营、用户分析和活动复盘方面有一定的沉淀。

2019 年，我进入一家世界 500 强公司的国际业务部，初期主要负责电商方向的数据分析，支持 7 个国家的数据需求。我的工作内容一方面是跟进销量目标、订单履约交付、物流时效等，制作分析报告，支持国家侧了解业绩和活动效果；另一方面是搭建数据体系，推动业务数据查询的自动化。我是

（续）

业务方唯一的接口人，负责需求分析、整合，并与产研拉通，例如，优化订单漏斗转化、用户标签体系，提升了业务自助查询的能力。

后来因为业务发展的需要，我调到海外零售部门，主导当地的数字化转型项目，对接 4 个大区、15 个国家。具体工作是围绕零售端的"人、货、场"等七大要素，拆分出 20 多个场景，进行业务调研、流程梳理，同时对接产研开发功能，推动系统在各国家落地。我主要负责东南亚地区，××国是第一个试点国家，由我承接试跑及推广工作，我总结了推广方法、经验，并分享给团队，帮助其他同事更高效地推广系统。

此外，我还搭建了统一的场景看板体系，从总部到国家侧共用一套数据口径，提升了数据使用效率，帮助业务部门更好地制定决策。在整体项目中，我也完成了个人职级的晋升。

去年考虑到个人的职业发展，加上希望回到家乡，所以我离开了上一家公司。在这段空窗期，我备考了 MBA（工商管理硕士），又完成了之前因膝盖受伤而未完成的康复治疗。目前这两件事都已完成，现在我在积极找工作，也很期待这次和您的沟通。

面试官：好的，谢谢。您考上 MBA 了吗？

求职者：考上了，是在职 MBA，周末上课，不影响正常工作。

面试官：好的，你是打算回家乡发展，对吧？所以目标公司就是我们？

求职者：是的。贵公司在出海业务这块属于国内顶尖水平，我也希望能加入优秀的平台继续深耕跨境电商领域。

面试官：方便问一下你离开上一家公司的时候是什么职级吗？

求职者：当时我晋升到了运营经理，职级的话是 15 级。

面试官：之前您了解过我们公司的国际业务吗？

求职者：有的。我看过公司的官网，做了一些了解。知道贵公司主要做跨境电商，品类丰富，相比我之前主要聚焦在单一品类还是有些不同的。

面试官：我们主要做跨境电商，你对这个领域有什么新的观察和看法吗？

求职者：跨境电商和独立站差异明显。跨境电商是 To B 模式，平台引入商家，提供物流、流量支持，帮助他们提升海外业务；独立站是 To C 模式，

（续）

更注重品牌建设和直接面向消费者。两者面向的对象和运营逻辑都不一样。

　　面试官：最近有没有关注过和我们类似的同行企业？他们在做什么？有什么特点？

　　求职者：关注过，例如，××企业的海外业务增长迅速，用户量大。××企业的模式是"货找人"，通过每周大量上新快速测试市场需求，再反向驱动供应链，比传统电商平台模式更灵活。不过我了解得还不算特别深入，过去还是更专注在内部的数字化体系建设上，对行业的关注相对少一些。

　　面试官：您之前写过行业报告吗？

　　求职者：之前主要是做竞品分析，例如，在推动数字化转型时，会参考竞品的系统开发和用户使用情况，但输出行业趋势类的报告相对较少。

　　面试官：您了解过我们这个岗位具体的工作内容吗？您觉得自己面临的最大挑战是什么？

　　求职者：有了解。商业分析专家这个岗位需要有较强的行业洞察能力，定期输出行业报告，同时也要搭建业务支持的数据看板体系。我在搭建数据体系、支持业务决策这块有经验，能快速上手，但在跨境 To B 业务和更深入的行业研究方面，还有待加强，需要花时间学习和补齐。

　　面试官：好的，谢谢您的回答，今天的面试就先到这里。

3. 面试点评与优化建议

（1）行业理解不足，缺乏有说服力的行业洞察

①面试点评

求职者对跨境电商领域的认知较浅，回答偏表面，内容落后于当前行业动态，没有体现出对目标行业的深度关注。

②优化建议

求职者要系统研究目标行业，掌握最新变化和核心竞争逻辑。同时准备 1～2 个有深度的行业观点。

"目前跨境电商正从'铺货逻辑'转向'品牌化经营'，例如，××平台更

倾向于引入自主品牌，并通过本地化运营提升转化率。这背后的变化要求我们在选品、营销、供应链管理上有更高的协同性。"

（2）岗位核心能力存在差距，尤其在商业分析与策略输出上较为薄弱

①面试点评

虽然求职者有数据分析工作背景，但缺乏以业务视角解读数据、提出策略建议的经历，这与商业分析专家岗位的核心要求有一定的差距。

②优化建议

求职者应加强商业思维训练，在面试中强调"从数据到决策"的桥梁作用。

"在以往的数据支持工作中，我不仅完成报表，更会主动解读数据变化背后的业务原因，并向运营团队提出具体的优化建议，例如，通过分析转化率异常，协助定位出支付流程存在体验断点，从而促成后续改版提升。"

（3）求职方向稍显发散，容易分散精力

①面试点评

求职者当前同时关注商业分析、数据分析、策略运营、数字化转型等方向，跨度略大，存在定位模糊、准备不足的问题。

②优化建议

建议求职者先以产品运营、数字化转型为主攻方向，作为现有经验的自然延续，再视情况辅助探索商业分析方向。

"基于我在数字化产品运营与数据支持方面积累的经验，目前主要聚焦于数字化转型及产品运营类岗位，同时关注与数据洞察相关的商业分析机会，以实现经验的最优承接。"

四、HRBP 面试

1. 职位描述

招聘职位： HRBP（Human Resource Business Partner，人力资源业务合作伙伴）

（续）

> **职责描述：**
>
> 内推岗位，没有提供 JD，只有关键词，如外企、招聘人才发展、HRBP、消费品；
>
> 公司定位：美妆国货＋文化塑造领先品牌。

2. HRBP 面试实战案例

> **面试官：**你好，请做一个简单的自我介绍。
>
> **求职者：**您好，我叫×××，这次面试的职位是 HRBP。我从×× 大学人力资源专业毕业后一直在北京从事人力资源管理工作，有 13 年的从业经验。
>
> 我主要有三段工作经历。
>
> 第一段是在一家快消服装品牌，以管培生身份入职，工作近一年。
>
> 第二段是加入一家大型民营国货消费品公司，在那里工作了 11 年，经历了公司高速发展及人力资源体系的两次升级转型，我经历了从事务专员到专家、管理层角色的转变，积累了全盘人力资源工作经验，也深度参与了 2019 年公司整体组织变革项目。
>
> 第三段是目前就职的生物科技上市公司，担任业务部门的 HRBP 及北京区域人力资源负责人，支持的业务条线主要是研发。在这家公司，我负责从 0 到 1 的人力资源体系搭建，包括组织架构调整、人才梯队建设、薪酬绩效升级及文化落地。通过系统性建设，有效支撑了公司业务快速发展。
>
> 目前我希望寻求新的职业机会，主要因为现公司总部在北京，北京区域的发展空间有限。我希望实现职业转型和能力跃升。
>
> **面试官：**你目前支持的团队大概有多少人？
>
> **求职者：**我支持的业务条线有 100 多人，北京大概 90 人，其余在济南和上海。上海除了研发团队，还有一些营销、商务、运营人员，但这些人员的人力资源支持是其他 BP 负责，我只在日常运营上有少量协作。
>
> **面试官：**你的汇报对象是双线的吗？

（续）

求职者：是的。一方面是业务副总裁，另一方面是人力资源负责人。两位都不在北京，我日常独立带领本地 HR 团队 3 人。

面试官：两位汇报对象都不在北京，你是如何与远程领导建立信任的呢？

求职者：主要通过定期一对一沟通、专项会议等线上交流。同时我在研发团队内部搭建了月例会、季度会和核心决策小组，保障与业务端的持续对齐和有效协作。

面试官：这两年在现公司，你认为最重要、价值最高的产出是什么？

求职者：分两个方面：一是组织层面，原组织结构松散、协同性差，通过组织变革、机制建设，部门协作意识明显提升，研发效率加快，品牌与研发协同能力增强，成果质量提升，研发事故减少，上市周期缩短；二是人才层面，从 0 到 1 搭建了岗位能力标准、人才盘点制度、个人发展计划，并推行中基层领导力培养，提升了人才结构健康度、管理者领导力及团队稳定性。整体上，组织效能与业务成果都有明显的正向反馈。

面试官：可以具体介绍一下你们做组织诊断项目的方法吗？

求职者：好的。加入公司后，我与业务副总裁及各研发部门负责人沟通，诊断出两大问题：一是组织职能和边界模糊，分工不明确，协作性弱，针对这个问题，我们重塑了组织架构和职责边界，更新了部门命名；二是研发与品牌协同差，我们在不打破正式组织结构的前提下，搭建了以品牌为中心的"品牌研发协同小组"，从 5 月起试点，取得了较好的进展，提升了品牌与研发之间的沟通和协作效率。

面试官：最后一个问题，你如何理解 HRBP 这个角色？

求职者：我认为 HRBP 要做到三点：第一，真正懂业务，能从业务需求出发看待组织与人才问题；第二，能灵活响应业务变化，调整组织和人才策略；第三，结合专业工具和方法，在降本增效的背景下帮助业务提效和稳定发展。总体来说，就是以专业性赋能业务，用有限资源实现最佳人效。

面试官：好的，谢谢你。我们今天的面试就到这里。

3. 面试点评与优化建议

（1）自我介绍内容冗长、缺乏重点

①面试点评

求职者的自我介绍覆盖了非常多的项目和职责，如任职资格、组织诊断、人才盘点、领导力培养等，呈现出"面面俱到"的状态，这样反而让面试官抓不住他在这家公司的"核心价值"。他在表达上也容易给人"我来了公司就变好了"这种笼统印象，缺乏数据支撑和重点聚焦。

②优化建议

第一，结构化表达。用 PREP 结构或 STAR 结构表达项目。

第二，突出重点。

"我加入公司时人力资源管理体系非常薄弱，我们从 0 到 1 建立了完整的人才管理与激励机制，但最核心的成果是组织层面的诊断与优化，如……"

第三，避免堆砌。精简介绍内容，每次聚焦一个重点成果，避免罗列信息。

（2）回答"如何与业务负责人建立信任"时缺少逻辑与层次

①面试点评

求职者一开始就回答"我们开会、见面、高频沟通"，进入了"怎么做"的细节，但忽略了为什么建立信任这个关键点，这意味着求职者没有上升到角色理解层面。

②优化建议

首先点明"为什么"要建立信任。

"BP 之所以存在，是因为要服务业务、推动业务结果达成，因此信任是合作基础。"

然后讲怎么做。例如，高频沟通、解决业务痛点、关键节点支撑。

最后给出具体案例。例如，求职者刚加入时，业务部门负责人焦虑于找不到研发负责人，你精准识别后主导招聘，双方建立了初步信任。

（3）对 HRBP 角色理解不深入

①面试点评

求职者对 HRBP 的理解偏于表层，讲的仍是"做了哪些事"，而非"为何存在、价值体现在哪里"。

②优化建议

第一，明确 HRBP 的定位。

"HRBP 的核心价值是连接业务部门与人力资源部门，提升组织效能，确保业务目标的达成。"

第二，构建两个角色认知。一个是"翻译官"，将业务需求转化为人力资源解决方案；另一个是组织顾问，提供洞察、支持决策，解决关键人才问题。

第三，用一个案例支撑自己的理解。

"我在支持研发线时识别出组织效能瓶颈，通过组织诊断优化结构，提升团队协同效率。"

（4）组织诊断项目讲得过细，缺乏聚焦

①面试点评

求职者花了大量的时间描述背景和操作细节，但面试官抓不到重点，如求职者为何做、怎么做出差异化、结果如何。

②优化建议

建议求职者用 STAR 结构进行表达。

S/T（背景＋任务），如"我加入公司初期，公司面临协作效率低的问题，需通过诊断明确瓶颈。"

A（行动），如采用六盒模型，结合访谈、问卷进行多维分析。

R（结果），如重组研发协作机制，形成跨部门小组，产能提升了 20%。

五、财务分析经理面试

1. 职位描述

招聘职位：财务分析经理

职责描述：

（1）担任公司在中国 ××× 地区的财务业务合作伙伴；

（续）

（2）与×××地区负责人及多个研发职能相关的利益相关方密切合作，共同制定年度财务预算；

（3）必要时对业务假设提出挑战，与各部门协作，优化财务表现与成本效益；

（4）与公司全球财务团队协同工作，使×××地区的财务战略与公司全球财务目标保持一致，提升效率与一致性；

（5）在××内部推动强有力的跨部门协作，提供×××地区的财务管理与控制支持；

（6）管理财务结算流程，为业务利益相关方和高级管理层提供深入的财务绩效分析与洞察；

（7）确保财务报告的及时性与准确性；

（8）通过智能举措和流程创新（包括人工智能与机器学习技术的应用），推动持续改进文化；

（9）领导或支持各类临时项目工作。

任职要求：

（1）中英文流利，具备良好的书面和口头表达能力，能够与中国境内外的利益相关方进行沟通；

（2）拥有6年至8年财务规划与分析（FP&A）和／或会计方面的相关经验，最好在生物技术或制药行业工作过；

（3）具备出色的沟通能力，能将复杂的财务数据简化并传达给不同类型的受众；

（4）熟练掌握 Excel 和 PowerPoint 软件，并广泛了解各种财务系统，如 Adaptive Insights 和 SAP（System，Applications，and Products in the Data Processing，一款众多名企使用的企业管理软件）；

（5）拥有较强的分析能力；

（6）工作积极主动、注重细节，在团队合作、创新及财务领域拥有卓越表现；

（7）具备独立工作能力，能独自完成任务。

2. 财务分析经理面试实战案例

面试官：你好，可以简单介绍一下自己吗？

求职者：您好，我叫 ××，首先感谢您给我这次面试机会。这次我面试的是财务分析经理岗位。我有 18 年的财务全模块工作经验，擅长通过模型搭建和业（务）财（务）融合，为公司提供数据支持，帮助管理层制定战略决策并推动降本增效。

2003 年我从老家来到 ××（城市），毕业于一所 211 大学的会计学专业，之后一直在这里工作。我的职业经历可以分为三个阶段。

第一个阶段，也就是第一个 5 年，我专注于财务会计工作，涵盖总账、税务、固定资产等内容；

第二个阶段，也就是第二个 5 年，我主要负责管理会计工作，包括内控、预算分析和成本管控；

第三个阶段是过去的 8 年，我带领 6 人团队，负责财务管理的一些特定模块，其中有 6 年负责快消品工厂的全财务管理，另外 2 年在医药研发公司负责经营分析和会计管理工作。

我的职业发展方向偏向预算分析与成本管理，因为这能让我更好地与业务部门沟通，了解业务逻辑，推动成本优化。

目前，我所在的公司因为销售渠道问题，工厂产量大幅下滑，集团决定将剩余产量转移到 TPM（Total Productive Maintenance，全员生产维护）上，工厂员工已于 3 月底解散，我的合同也于同月解除。现在我正在寻找新的机会。我仔细查看了贵公司财务分析经理的招聘信息，觉得我的从业背景与岗位要求非常匹配，因此我非常希望能加入贵公司。

以上是我个人的一些情况，如果您对哪些方面比较感兴趣，我可以展开讲一讲。

面试官：你提到有过预算管理的经验，那么在进行预算管理时，如何确保财务目标的合理性？特别是业务部门提供的预算假设。

求职者：在当前公司，集团会给我们下达财务目标，我会根据目标进行拆解并创建财务模板，发给业务部门。业务部门根据模板提供数据后，我会

（续）

进行汇总，并对照目标分析差距。如果数据中有不合理的地方，我会与业务部门沟通，确保数据更符合实际。最终，我们以集团目标为基准，尽量确保工厂达标。如果有无法控制的因素，我们会向集团提供解释说明。

面试官：如果业务部门的预算假设不合理，你如何跟他们沟通解决？

求职者：我曾经遇到过类似情况。例如，在做水电费预算时，业务部门提出的目标比实际值高了大约70%。我跟他们单独开会，了解他们的业务逻辑，并通过反推实际数据，发现他们的预算与历史数据不符。最终，他们接受了我的修改建议，将预算调整至合理范围。

面试官：有没有遇到过业务部门强烈反对你的预算调整？

求职者：有的。刚开始时，业务部门不认同我的调整意见，我们经历了几轮激烈的沟通。最后，我请来了业务部门的主管参与会议，最终双方达成一致，业务部门按照我提出的方案进行了预算调整。

面试官：在医药公司时，你是否做过成本管控相关的工作？能否举个例子？

求职者：在医药公司，我们做过一些成本管控工作，例如，人工时间的收集和费用的合理分配。遇到的问题是，业务部门员工的工作时间不像生产工人那样易于量化。我们与业务部门沟通，要求他们按照项目提供工作时间，并进行合理的费用分摊。我们还邀请部门负责人审查时间数据，确保其合理性，最终实现了更精准的研发费用分摊。

面试官：有没有遇到过研发部门临时要求增加预算的情况？你如何处理？

求职者：有过这种情况。如果研发部门要求增加预算，我们会先查看是否超出了整体的 PNL（Profit and Loss，损益表）。如果预算在合理范围内，并且得到领导同意，财务部门就会批准。如果预算超出合理范围，就需要经过额外的审批流程，可能需要董事会或首席执行官批准。

面试官：你之前也有外企工作经验，你是如何与全球团队合作的？

求职者：在过去的公司，我直接向 × 国财务部门汇报，同时与 × 国的高级财务主管合作。每个月我们都会汇报经营成果和预算执行情况，如果有

（续）

问题，会反馈给工厂部门。此外，我们有七个工厂，每周都会召开视频会议，讨论财务流程的改进与优化。

面试官：在与全球团队合作时，尤其是欧洲团队，你是否遇到过流程合规方面的挑战，特别是在 socks（网络协议）审计方面？

求职者：我目前的公司并没有进行 socks 审计，但在我上一份工作中，我参与过 socks 合规工作。当时，我们与国内的共享服务团队合作，确保了工作的合规性。整个过程比较顺畅，我也向经验丰富的同事请教过，问题得到了有效解决。

面试官：你了解我们公司吗？对于我们的创新药产品线，你怎么看？

求职者：我了解贵公司主要有三条产品线，重点是创新药。我曾在医药公司工作过，参与过一些创新药的研发和费用分析。虽然我们公司研究的药品和贵公司的有所不同，但在研发管线和预算管控上，工作内容非常相似。因此，我认为我的从业背景和贵公司在医药研发方面的需求是匹配的。

面试官：你考虑过使用新的技术，如借助 AI 技术提升财务分析的效率吗？

求职者：在过去的工作中，我们主要使用 Excel 进行财务分析，但我和团队曾研究过 Power BI，用于展示报表。此外，我也在学习如何将 AI 技术应用于财务管理，下周我还将参加一个培训课程，学习如何使用 DeepSeek 进行更系统的财务数据管理和预测。

面试官：如果让你回到四年前刚加入这家公司时，你会如何改变现在的工作方式？

求职者：我可能会更早推动数字化转型。我们目前使用的系统比较陈旧，类似于过时的 Excel 工具，很多功能无法满足需求。如果能够结合 AI 技术推行更先进的数字化工具，提升系统的自动化程度，财务分析的效率和准确性会有大幅提升。

面试官：在你过去入职的几家公司中，哪一家公司在财务分析方面做得最好？

求职者：我认为目前的公司在财务分析方面做得最好，特别是在预算控

（续）

制和成本管控上。相比之下，前一家公司的财务分析更侧重于会计核算，较少涉及管理会计和预算分析。

面试官：感谢你的分享，我们的面试先到这里，谢谢你。

3. 面试点评与优化建议

（1）自我介绍结构清晰，但缺乏主动引导管理意图的表达

①面试点评

求职者的自我介绍结构很好，使用了分段叙述法，逐步呈现从基础岗位到全模块再到管理职责的过渡，有个人成长路径。但在表述中，求职者表示自己曾带过 6 人团队，却没有进一步说明自己的"角色匹配"，可能造成面试官的误解。

②优化建议

第一，保留清晰的成长轨迹，但在面试中求职者要主动解释为何愿意回归专业路线或更专注于分析型工作，而非继续管理方向。

第二，强化"动机契合"，可在介绍中加入"我意识到我最擅长也最有热情的，是用数据分析支持业务决策，因此我希望在这一方向上进一步深入。"

第三，精准对齐 JD，弱化管理职能，突出专业能力，避免引起面试官对求职者的从业经历与目标职位不匹配的疑虑。

（2）表达流畅自然，反应能力好，但缺乏观点升华

①面试点评

求职者的表达节奏很自然，案例储备充分，面试官提出的所有问题求职者都能及时回应，这是非常优秀的面试表现。但在答题时大多数内容停留在"有做过""怎么做"，而没有上升到观点输出或能力总结，让面试官无法判断求职者能否将经验迁移到新环境。

②优化建议

求职者在每次分享经验时，除了"做了什么"，还应加入"为什么这么做"的深层次思考。只有通过这种方式，才能展现出自己的独立思考和总结能力。

"在面对预算突增的情况时，我会从需求来源、预算影响等方面进行分析，

确保公司财务决策的合理性。这个过程帮助我总结出'需求优先级'的判断模型，能快速筛选出真正关键的预算调整需求。"

（3）案例素材合格，但缺乏信息筛选与亮点突出

①面试点评

求职者准备了很多不错的案例，对预算挑战、系统优化等都有实操经历。但信息太多、结构过散，反而会导致重点不突出，甚至产生"过度暴露"或"引发负面联想"的风险，如旧系统案例。

②优化建议

第一，围绕岗位需求筛选素材。在准备素材时先列出目标岗位的关键要求，每个案例都必须紧贴这些需求。

第二，隐藏负面信息，突出"见过好体系"。例如，不要说"我们系统很基础"，而是说"我曾在前司参与 SAP 系统部署，因此对成熟系统运作有深刻理解"。

第三，主动"背书"能力来源。当被问"哪一家公司在财务分析方面做得最好？"这就是求职者展示经验的机会，要选最规范、最贴近目标岗位的一段经历来回应。

（4）面试过程中易产生信息过载，影响主线清晰度

①面试点评

求职者的表达内容丰富，但面试中有"说多了反而跑偏"的情况，如介绍系统优化时反而被理解为公司系统落后，从而影响了面试官对自己数字化能力的判断。

②优化建议

第一，展开任何细节前先判断。"这对我展示目标岗位的胜任力是否有益？"

第二，控制答题时长。每个问题控制在 2 分钟内，并始终回归主线"我有能力＋我愿意做＋我适合这家公司的需求"。

第三，精简表达。减少无关内容是让自己"越说越有分量"的关键。

六、城市主管面试

1. 职位描述

招聘职位：城市主管

职责描述：

（1）经销商管理：达成战略共识；推动业务健康发展；提升经销商的服务水平；进行业务分析；提升经销商的管理能力；确保 DIS（Digital Information System，数字化信息系统）、SFA（Sales Force Automation，销售业务自动化）有效使用和数据的准确；

（2）培训和指导经销商销售：协助经销商制定明确的 DSF（Direct Sales Force，直接销售团队）的工作职责和胜任标准及其薪酬体系；帮助经销商进行 DSF 的招聘、培训及跟线辅导；协助经销商设定 DSF 日常 KPI；市场活动计划的制订、执行和跟踪；

（3）内部协作：有效整合业务计划；确保业务计划的有效性；高效的费用管理；收集执行团队对经销商服务情况的反馈和需求，跟进执行团队出货计划的执行情况；支持区域的商贸计划；定期回顾业务现状、评估市场状况和趋势，为城市经理提供反馈和建议。

职位要求：

（1）4 年以上快速消费品行业销售经验，其中拥有 2 年以上的主管从业背景；

（2）具备丰富的经销商管理经验；具备良好的内外部沟通能力，对各部门及客户能够施加专业影响力。

2. 城市主管面试实战案例

面试官：你好，可以简单介绍一下自己吗？

求职者：您好，我叫××，这次面试的是城市主管岗位。我有 12 年快速消费品行业从业经验，主要从事化妆品门店销售管理工作。这段经历分为

（续）

以下两个阶段。

第一个阶段，我协助省区经理管理 ×× 地区的销售，负责团队搭建、代理商赋能等工作。当时我帮助品牌在 ×× 地区的业绩从 6 000 万元提升到 1 亿元，销售团队也从 4 人扩展到 16 人，同时推动了零售终端系统的上线。

第二个阶段，我直接管理 ×× 区域 30 家终端柜台，主要工作是区域指标达成、执行人货场管理及代理商赋能。

整体来看，我的从业经验和贵公司城市主管岗位非常匹配：同属快消行业，门店渠道和会员画像也高度吻合。很高兴有机会沟通。

面试官： 谢谢。我看到简历上你去年年底就离职了，是什么原因？

求职者： 主要是因为品牌在 ×× 区域的门店数量和单产逐年下降，公司策略调整后，销售人员逐步转由代理商管理。我的劳动合同到期后，就与公司协商离职了。

面试官： 这段时间你都没有找工作吗？

求职者： 年初主要是陪伴家人，并对过往工作进行复盘。最近我开始寻找合适的岗位。

面试官： 了解了。你在工作中管理经销商的数量多吗？怎么进行分层管理？

求职者： 我们按城市划分，一个城市一个经销商，我负责的区域有两个经销商。

面试官： 这两个经销商对你来说应该很重要，你如何提升对他们的服务水平？

求职者： 主要从两方面着手：一方面是以区域总指标为驱动，制定经销商回款、汇换指标，跟进铺货进度；另一方面是在大型促销期间，加大终端活动力度，投入外购品，提升消费者感知，促进销售。

面试官： 你负责的 ×× 区域大概有多少家终端门店？

求职者： 最高峰时，区域内有 120 多家门店，后来我专注管理苏州、无锡的 30 家终端门店。

面试官： 你沟通最多的是市场和供应链团队吗？

（续）

求职者： 前期主要和省区团队及经销商沟通,后期与各门店楼层经理及运营团队对接。

面试官： 在和楼层经理打交道的过程中,你遇到过什么挑战?

求职者： 我们的品牌影响力稍微弱一点。在门店升级调整时,常常面临柜位被优化或调换的问题。我们需要通过与楼层经理良好的日常互动,保住现有柜位,甚至在品牌调整时争取更好的客流动线位置。

面试官： 我们是做食品的公司,但你之前在化妆品行业工作,你认为自己能胜任城市主管的工作吗?

求职者： 能。我了解贵公司在零食品行业处于头部位置。无论在渠道还是会员画像上,我都觉得非常匹配,因此对胜任这个岗位充满信心。

面试官： 如果你加入我们公司,第一个月你打算怎么开展工作?

求职者： 我会从三个方面着手。一是走访门店,了解各店销售状况;二是评估销售人员的配备和能力;三是拜访区域经销商,沟通铺货情况、订单处理情况、回款指标和历史合作机会点。

面试官： 我问你两个专业名词,你知道 SFA 和 DIS 吗?

求职者： SFA 和 DIS 是公司的数据管理系统,用于促销人员及时录入销售数据,支持后续数据分析和业务复盘。在巡店时,城市主管也要指导促销人员正确使用系统。

面试官： 在门店促销人员考核方面,你有什么经验吗?

求职者： 我的经验包括考核销售指标达成、评估主推品销售占比、关注客单成交水平,以及在大促期间设立阶梯奖励,刺激销售。

面试官： 好的,谢谢,今天的面试先到这里。

3. 面试点评与优化建议

（1）自我介绍:内容冗长,未聚焦核心经历

①面试点评

求职者的自我介绍准备相对充分,但信息量较大,略显冗长,缺乏重点。尤

其是在早期工作经历上花费了较多的篇幅，而对关键的 12 年化妆品行业从业经历交代不清。没有有效突出自身经历与应聘岗位需求的关联性，影响了面试官整体的第一印象。

②优化建议

第一，求职者在自我介绍时应采用"分段式"表达。简略带过不相关的早期经历，重点突出与目标岗位匹配度最高的近段工作。

第二，推荐使用"总—分"结构。

"我有超过 10 年的快消品销售管理经验，其中在 ×× 公司工作近 12 年，管理超 30 家门店，专注渠道运营与经销商管理。"

（2）经历陈述：结构零散，关键能力缺位

①面试点评

在工作内容陈述部分，求职者对于"做过什么"描述得较为模糊，结构性弱。尤其在经销商管理等核心模块中，表达内容缺乏清晰的框架与具体成果支撑，容易让人感觉"做过但讲不清"。

②优化建议

第一，建议采用 STAR 法则回答，即明确场景（S）、任务（T）、行动（A）、结果（R），并加入数据或结果支撑。

第二，可以围绕"库存预警机制""订单优化""促销活动协同"等具体措施展示工作逻辑和成果。

"我主导与经销商共建库存预警机制，降低滞销率 15%；并通过周度促销协同提升渠道回转率。"

（3）岗位匹配度：对 JD 解读不足，没有有效回应重点要求

①面试点评

求职者对目标岗位的 JD 理解不够深入，回答内容与职位关键词如 DSF、KPI 管理、终端动销等匹配度低。在沟通中也没有主动使用企业常见术语，缺乏对岗位所需能力的主动建联，导致内容落点偏差。

②优化建议

第一，面试前应逐一拆解 JD 中的关键词并准备对应经验点。

第二，在描述过程中嵌入关键词。

"我负责 DSF 团队 40 人，设计激励方案并结合 SFA 系统实施考核机制，有效提升人效效率。"

（4）表达风格：专业性略弱，缺乏快消行业通用语言

①面试点评

在专业表达上，求职者整体语言偏口语化，没有体现出足够的行业规范感。特别是面试一家外企或系统化程度较高的公司时，缺少对如 SFA 系统、渠道规划、终端管理等术语的使用，会被面试官认为专业素养不足。

②优化建议

第一，建议多参考外企、大型快消公司用语风格，如"门店覆盖率提升策略""人效评估机制""DSF 动销激励模型"等。

第二，平时可参加知名企业的人才培养体系，用行业语言讲述自己的经验，增强专业信任感。

（5）案例支持：内容泛泛，缺乏说服力

①面试点评

求职者在面试中没有准备充分的案例，没有通过数据、场景、成果展示自己的能力。尤其在讲述关键项目，如活动执行、销售业绩提升时，缺乏亮点和记忆点。

②优化建议

第一，每段经历准备 1 ~ 2 个结构化案例，特别是围绕"经销商协同""促销活动""销售指标完成"等典型任务。

第二，用"场景—方案—效果"来叙述。

"在大润发渠道，我策划了女神节主题活动，通过满赠＋现场推广，三天实现销量环比增长 20%。"

七、运营副总监面试

1. 职位描述

招聘职位： 运营副总监

职责描述：

（1）收集企业经营过程中各业务板块的相关信息，综合分析发掘经营问题并提出解决方案；

（2）组织制订公司年度经营计划，推动任务分解并督导落实；

（3）在核心经营层和各机构层面建立压力传导激励机制，提高组织的整体经营绩效水平；

（4）优化公司经营决策机制，推动公司流程优化，提高业务流程效率；

（5）定期组织召开公司经营分析会议，督导和协调各机构顺利开展工作；

（6）对公司安排的重要事项进行跟踪、督办、落实，并及时反馈相关信息。

任职要求：

（1）45 周岁以下，本科及以上学历；

（2）具备 5 年以上大中型企业运营工作经验，有研产销综合性医药企业从业背景优先；

（3）精通企业运营，有较强的市场洞察力、经营思维和分析能力，拥有制定和组织企业规划的综合能力。

2. 运营副总监面试实战案例

面试官： 你好，请简单介绍一下自己。

求职者： 您好，我叫 ×××，很高兴有这个机会和您交流，我这次面试的岗位是运营副总监。我前十年主要从事财务管理工作，尤其专注于业（务）财（务）融合。后来因为在业务思维和价值体现方面有不错的表现，

被 ×× 企业的 CFO（Chief Financial Officer，首席财务官）推荐担任内部核心岗位负责人，负责全局业务的策划推广和质量提升等工作。

面试官： 听起来你的经历与我们这个解决问题型岗位很匹配。从你的履历来看，你在大中型公司有经营管理经验，同时职业稳定性也值得肯定。你之前在上海工作？最近才回到老家？

求职者： 是的，所以我很珍惜这次能在家乡与本土优秀企业合作的机会，希望能在这里继续发挥自己的价值。

面试官： 我看到你从 2023 年开始在一家食品中心工作，这是你的创业项目吗？

求职者： 是的。离开上一家公司是因为我母亲生病需要人照顾。在权衡亲情与工作后，我选择回到老家。在此期间，我们结合之前的商业洞察启动了一个完整闭环的创业验证项目，从顶层设计到市场推广都参与了执行。

面试官： 现在这个项目还在进行吗？

求职者： 还在，但我已经退居幕后，目前只是挂名顾问，项目由合伙人主导继续推进。

面试官： 了解了。我们是医药公司，但我看你以往经历中似乎没有直接的医药行业经验？

求职者： 确实没有医药行业的直接经验，但我认为两者有很多共性。例如，我在 ×× 公司工作期间接触到科技类的研产销一体模式，在上一家公司也负责市场拓展。这些经历和医药行业中的研发、仿制药等业务逻辑有一定的相通之处。

面试官： 我们这个岗位需要协助运营负责人落地年度经营计划。你通常是如何推进这项工作的？

求职者： 我们一般从战略规划出发，把 3～5 年战略目标拆解为年度计划，并具体落实到产品、渠道和区域。年度计划通常关注三个方面，即规模增长、效率提升和风险控制。若以医药行业为例，我们会根据医院、药店、科研机构等不同渠道，制定销售目标；从效率上看，会关注研发和资产使用效率；资金管理方面，库存控制也是工作重点。最后通过区域和产品矩阵，

（续）

将目标层层分解和落实。

面试官：你在上一家公司是向 COO（Chief Operating Officer，首席运营官）和 CFO 双线汇报的吗？

求职者：一开始是向 CFO 汇报，后来通过内部竞聘转岗为核心业务负责人后，汇报对象变成了 COO。

面试官：你们公司采用 OKR（Objectives and Key Results，目标与关键结果）管理吗？你是如何落地的？

求职者：我们不是纯 OKR，而是 OKR 和 KPI 结合使用。主要从三个方面入手：一是策略制定，包括划分区域细分市场、制定推广策略等；二是建立模型来支撑策略，如分析产品的市场适应性、BD（Business Development，业务拓展）能力差异，并通过培训和实战测试赋能团队；三是研发协同，如推动供应商产品的标准化、维保对接等。整个过程从中长期规划到年度目标，再到月度、双周甚至每日的任务，都进行互锁，确保过程与结果有效挂钩。

面试官：我们这个岗位级别较高，是总监级以上的，可能会被视作高管岗位。你了解这个职位的定位吗？

求职者：我了解了一下，招聘信息中区分了副总监和总监，虽然工作内容类似，但薪酬有明显差异。我推测公司会根据求职者能力做灵活匹配，可能会纳入中高管序列。

面试官：好的，谢谢你的回答，今天我们先到这里。

3. 面试点评与优化建议

（1）战略视角表达较好，但缺乏方法论支撑

①面试点评

求职者在表达中体现了一定的战略意识，例如，能将"规模增长、效率提升和风险控制"作为经营管理的关注点，这属于高管视角的基本认知。但求职者的整体战略思路较为分散，没有明确对应一套成熟的方法论，如 BLM（Business Leadership Model，业务领先模型）、IPD（Integrated Product Development，集成产

品开发）、OKR 等模型，导致在传达过程中缺乏说服力和系统性。

②优化建议

第一，明确自身擅长并认同的方法论，贯穿于项目和业务思路讲述中。

第二，不要求面面俱到，但要让面试官清楚自己是"有一套成熟打法"的人。

（2）落地细节缺失，执行力呈现不足

①面试点评

尽管求职者在表达中涉及了"规划制定""目标拆解"等内容，但实际案例中的细节支撑不够，很多内容还停留在概念层，听上去感觉较"虚"。对于偏运营类高管岗位来说，缺乏数据、成果、过程的细节展示，容易让面试官质疑求职者的执行力和业务穿透力。

②优化建议

第一，每个战略点建议配一个关键案例，说明背景、操作方式和最终结果。

第二，优先使用结构化表达，如"通过 X 手段，实现了 Y 成效，解决了 Z 问题"。

（3）内容准备略显泛化，行业匹配度不强

①面试点评

求职者的整体发言准备得相对充分，但内容相对中性，没有聚焦目标岗位所在行业的关键点。例如，面对医药类企业，没有及时围绕"研发效率""费用管控"等痛点深入展开，没有体现出跨行业经验的迁移能力。

②优化建议

第一，建议强化对目标公司的业务理解，提炼 1～2 个核心行业要素再结合自己的经验展开。

第二，展示快速学习能力和行业适配思维，在小城市行业资源有限的情境下尤为重要。

（4）表达节奏偏慢，结构感有待加强

①面试点评

在有限的时间里，求职者表述的内容覆盖面广，但是结构不够清晰，容易造成"前松后紧"的节奏问题，影响整体表达效率和印象分。尤其在 20 ～ 30 分钟的面试中，战略与细节应做到穿插呈现而非割裂叙述。

②优化建议

第一，建议采用"战略＋细节"的表达方式，避免宏观空谈或细节堆砌。

第二，可预设时间结构，例如，自我介绍 3 分钟、核心项目讲述 10 分钟、行业对标 / 问题拆解 5 分钟等。

八、技术支持工程师面试

1. 职位描述

招聘职位：技术支持工程师

职责描述：

（1）负责日常工单解决和跟进，保障大客户稳定高效地使用，保障工单解决 SLA（Service Level Agreement，服务水平协议）落实，帮助系统优化及产品完善；

（2）跟进线上各项问题，构建技术支持平台以更高效的方式推进问题解决，沉淀 FAQ（Frequently Asked Questions，常见问题解答）文档及问题排查解决工具；

（3）负责故障管理，协助排查与推进故障快速恢复，组织故障复盘，产出专业故障分析报告，并推进改进措施落实；

（4）负责公司重大项目保障，包括日常问题处理、故障应急、业务影响评估、活动问题解决跟踪等；

（5）负责数据分析、运营工作，推动产品改进和系统优化；

（6）发掘稳定性风险并预警，提出改进建议并推进落实，助力系统与产品的稳定性提升。

任职要求：

（1）具有良好的系统化思维，良好的问题分析、排查与解决能力；

（2）具有优秀的沟通和协调能力，强烈的客户服务意识；

（3）具有良好的文档整理能力、学习能力、执行能力、自我驱动能力，

（续）

以及拿结果的能力；

（4）具有敏锐的业务、系统问题感知能力，善于系统性和体系化地解决问题；

（5）熟悉 ITIL（Information Technology Infrastructure Library，信息技术基础架构库）流程者优先；

（6）具有互联网行业技术工作经验者优先，熟悉 Java、JavaScript 等技术者优先。

（7）具备 1～3 年工作经验。

2. 技术支持工程师面试实战案例

面试官：你好，可以简单介绍一下自己吗？

求职者：您好，我叫 ××，这次面试的岗位是技术支持工程师。过去四年，我在模拟政务中台项目组担任技术支持工程师，主要负责北京、上海、杭州等地的政务中台项目，包括事项中心、办件中心、表单中心等模块的技术支持。平时主要处理工单，目前累计处理超过 500 家，同时指导一线、二线同事排查和解决问题，负责跟进并解决二线无法解决的工单。另外，我根据业务部门的需要开发了一些数据支持工具，并进行知识梳理和常见问题沉淀，输出文档。同时，我也参与新员工培训，帮助新同事尽快熟悉系统。我对贵公司在人工智能领域的创新很感兴趣，非常期待能够加入，谢谢。

面试官：你现在还在原公司就职吗？

求职者：已经离职了，× 月 × 日正式离职。

面试官：你在原公司属于外包岗位吗？

求职者：是的，属于外包岗位。

面试官：了解了。我想再确认一下，你拿到我们的面试邀约了吗？

求职者：我之前参加过公司的面试，但是没有通过。

面试官：明白。我们非常看重求职者在问题排查和解决方面的能力。可以请你分享一个你亲自处理过且技术上比较复杂的案例吗？在你处理过的问

（续）

> 题中，哪个对你来说挑战最大？
>
> **求职者**：说实话，现在回头看，那些问题都已经解决了，感觉也没有特别难的。
>
> ……
>
> **面试官**：好的，今天的面试先到这里。

3. 面试点评与优化建议

（1）问题理解偏差，错失展示关键能力的机会

①面试点评

在"分享复杂问题的处理案例"这个关键问题中，求职者的理解比较狭隘，陷入了"必须是一个很难的问题"这个误区，忽略了面试官真正想了解的是其解决问题的思路和能力。求职者在回答中强调"现在回头看，感觉也没有特别难的"，不仅没有把握住展示能力的机会，反而显得准备不足、缺乏自信。

②优化建议

第一，面试中如果遇到类似问题，建议求职者采用"STAR法则"或"四步排查法"（问题背景—分析过程—根因定位—解决方案）清晰描述自己的处理路径。

第二，案例不在于"难"，而在于展示求职者是否具备系统思考、抽丝剥茧的能力。建议求职者预设几个典型案例，重点讲清流程和思维。

（2）叙述方式偏重事实罗列，缺乏结果导向

①面试点评

在描述工作成果时，求职者倾向于列举动作和日常事务，如处理了超过500家工单，但缺乏结果与价值的呈现，导致面试官听起来求职者更像是事务性执行者，而非主动型问题解决者。例如，讲到指导新同事"熟悉系统"，求职者并没有说明是否形成制度、SOP（Standard Operating Procedure，标准操作程序）文档、节省时间等具体成果，缺乏成效感。

②**优化建议**

第一，在面试中，求职者务必强调每一项工作的影响结果。例如，"赋能后新人平均上手时间从 3 天降到了 1 天。"这样的表达更具说服力。

第二，使用"做了什么＋达成了什么"格式，加强逻辑闭环，体现求职者对业务成果有意识地追踪与评估。